JN114276

楽しくなければ成果は出ない

ドン・キホーテの伝説の部長が教える圧倒的成果を上げる人の条件

田中マイミ エグゼクティブコーチ

すばる舎

はじめに

ドン・キホーテはなぜ「楽しさ」を大事にするのか？

「楽しくなければ成果は出ない」


この本のタイトルを見てどう思ったでしょうか。

中には、「無理やり仕事を楽しめ」と言っているように聞こえる人もいるかもしれません。

わかりますが、違うのです。**「心から楽しんでいない人は、成果は出ない時代」**なのです。自分が本気で面白いこと、好きなことを活かして遊ぶように仕事をしている人と、好きでも得意でもない仕事を辛いと感じながら続けている人とでは、生み出す価値も、人生の質もまったく違うものになります。

仕事で成果を出そうとするよりも、自分が夢中になって本気で面白いことをやり続けている人が勝つ時代になっているのです。

あなたは今の仕事・人生を本気で楽しめているでしょうか？

「好き」「ワクワク」が一番強い武器になる

私は現在、エグゼクティブコーチ、経営コンサルタントとして仕事をしています。数年前までは、総合ディスカウントストア「ドン・キホーテ」の役員として、延べ1万人を超える社員・スタッフをマネジメントしていました。

ドン・キホーテの店内で流れるあのテーマソングを歌っている人、というとわかりやすいでしょうか。

私がドン・キホーテに入ったのは、32、33歳のころ。ドン・キホーテがまだ府中店の1店舗しかないときでした。住んでいた家のすぐ近くにこの府中店があり、暇そうで休みを取りやすそう、という理由でアルバイトをすることにしたのです。

というのも、そのころ、私の本業はミュージシャンであり、作詞作曲家でもありました。だから、「音楽の仕事に支障がないこと」が、勤め先を選ぶ基準だったのです。にもかかわらず、ドン・キホーテの仕事を始めるとどんどん忙しくなり、予想を超えてお店の売り上げは上がっていきました。

そして、正社員になってほしい、と何度もお誘いを受けるようになったのです。最初のうちはまったくその気がなかったので、断り続けていました。しかし、何度もお話をいただくうちにだんだん申し訳ない気持ちになり、「人生で一度だけ会社員生活を送るのも悪くないかもしれない」と思い直し、入社を決めました。

そこから22年働き、会社は急成長し、最終的には国内外に数百店舗、売上高1兆円を超える企業になり、私も実質会社のナンバー3になっていました。

1万人を見てわかった「成果を出す人・伸びる人」の秘密

これまでに延べ1万人以上の人間をマネジメントし、人財育成も任されてきました。その経験からあることがわかりました。

それは**「成果を出す人・伸びる人の共通点」**です。
仕事で必要な力は様々なものがあります。

- コミュニケーション力
- 頭がいい、論理的に考えられる
- 営業、プレゼンなどの伝える力
- 業務処理のスピードと正確性
- アイデアや斬新な発想力

でも、それらは本質的ではありません。あくまでスキルにすぎず、本当に必要なものではないからです。成果を出す人というのは、別の言い方をすれば、成長する人と言い換えることができます。

営業やコミュニケーションの力がもともとあっても、成長せずに成果を残せなかったり、自分の周りから人が離れていったりする人もいます。

逆に、もともと何かが飛び抜けて優れていたわけでなくても、あることをきっかけに成長したり、成果を出したりして、昇進していく人もいます。

その違いは何か。

それは、**仕事を本気で「楽しい・面白い」と感じながら働けているか**です。

仕事が楽しい、職場が楽しい、働くことが面白すぎて休んでと言われても仕事にのめり込んでしまう。ワーカーホリックというわけではなく、仕事も遊びも関係なく、仕事が遊びになっている人が成果を出すし、圧倒的に伸びていきます。

一時期、YouTuberが提言していた「好きなことで、生きていく」という惹句がありましたが、**好きなことをしている人が一番強い**のです。

特に現代は、自分の好きなことをやることが、熱量を生み出し、ヒトを動かします。

能力が高い、頭がいい、コミュニケーションがうまいなど、スキル的な部分を高めるよりも、自分が楽しめているか、どうすれば楽しめるか、さらにはどうすれば周りの人も楽しく仕事ができるか、相手に「それ、面白いね！」「一緒に仕事をしたい」と思ってもらえるか。

それらを意識しながら、行動できる人だけが成功し、成長していくのです。

成果を出す人の共通点
（伸びる人）

コミュニケーション力が高い人

頭がいい人

仕事の処理能力が高い人

ではなく
それより大事なのは…

仕事を本気で「楽しい・面白い」と感じて働けている人

仕事内容ではなく、仕事に向かうマインドがすべて

私は「仕事だからつまらなくて当然」などとは考えません。楽しくて、面白いと思うことをしたい。面白いことがなければ、自分で作り出せばいい、と考えています。すべてはその前提のマインドなのです。

ドン・キホーテのあのテーマソングも、まずは自分が聴いて楽しいものを、というところから作りました。正社員になってから任された人財育成も例外ではなく、楽しみながらやっていました。

人財育成を任されたものの、それまでに人財育成の経験をしたことも勉強したこともありませんでした。会社から育成方針を示されることもなく、それでもやれと言われたことは、やらなくてはいけません。

そこで私は、もし自分が育成される側だったら、こういう指導をされたらやる気になるか、こういう評価のされ方をしたら嬉しいか、ということを考え、実践していきました。いわば、独自の仮説と検証を繰り返したわけです。

その仮説と検証を繰り返しているとき、ふと、18歳ぐらいのときにデール・カーネギーの『人を動かす』(創元社)を読んだことを思い出しました。当時はミュージシャンを目指していたときで、読みながら、「なぜ私はこれを読んでいるんだろう?」と不思議に思った記憶があります。

それを十数年後にまたなぜか思い出して、読み返しながら、仕事・人生における最も大切なことを再確認しました。

「楽しさが人を動かす。楽しくなければ、成果は出ない」

本書では、私自身が成果を出し続けられた秘訣と、1万人以上の部下・スタッフのマネジメントを通して仮説・検証してわかった、仕事と人生で圧倒的成果を出す方法をお伝えします。

田中マイミ

第1章

第2章

第3章

最強のメンタル「ミラクルマインド」

第4章 最高の信頼関係を作る雑談の習慣

第5章 自分を変えるセルフコーチング

終章

ブックデザイン:山之口正和(OKIKATA)
カバー写真:RichVintage/gettyimages
イラスト:せとゆきこ
DTP:野中賢(システムタンク)
編集協力:茅島奈緒深
プロデュース:鹿野哲平

第1章

1万人の部下を見てわかった「成果を出す人」の共通点

なんでも面白がれる人が一番伸びる

面白がって仕事をしているか？

ドン・キホーテや企業コンサル・コーチを通じて、多くの人を見てきました。
その中で、結果が出る人と出にくい人の共通点がありました。
そのひとつが**「面白がって仕事をしているか」**です。
私は、仕事をしている人によく言う言葉があります。
「何か面白いことない？」です。
いつも「別にありません」と答える人もいれば、「最近こんなことがあったんですよ～」と話し始める人もいます。ここで大事なのは、面白いことがあってもなくてもいいけれど、面白いことを探しているかどうかです。

面白いという感情こそが、仕事や生きる上でもっとも大切なもののひとつだからです。そして、そのためには、「小さなことでも面白いと感じられる」メンタルであるかです。どんな小さなことでも面白くなれるようになると、それが仕事や人生において価値を感じやすくなります。

なぜ、なんでも面白がれる人が強いのか。

それは**面白い仕事なんてほとんどないから**です。企画書を書いたり、提案書を書いたり、営業をして誰かに物を売ったり……どんな仕事も9割は泥臭くて地味なもの。

つまり、**面白い仕事・面白くない仕事があるのではなく、仕事を面白がれる人・面白がれない人がいるだけ。面白がれる人がいて、はじめて面白い仕事になる**のです。

先にも述べた通り、人が仕事を楽しい・面白いと感じられると、すごいエネルギーが生まれます。仕事をするのが辛いと思っている人は生産性を上げようと思っても限度があります。でも仕事が楽しいと感じている人は、遊びに熱中する子供のように仕事をすることができるのです。

つまらないことに楽しさを見つけられるか？

何より大事なのは、自分が楽しめているかどうかです。

なぜなら、楽しんで仕事をしている人といると、一緒にいても楽しくなるから。

私がドン・キホーテにいたときから、独立した今でも、大事にしていることは「楽しむ」「面白がる」こと。

別の言い方をすれば、**「ゲーム感覚で、遊ぶ意識で仕事をする」**ことです。

真面目にビジネスのことを考えれば、いかに効率的にタスクを処理するかという考えになりがちです。しかし、今の時代、こういった考えで仕事をしていても、成果は出なくなりました。

日本企業が世界を席巻（せっけん）していた時代は、効率的に安く良いものを提供すれば勝つことができました。勤勉さ、真面目さが武器になったでしょう。

しかし、今の時代はどうでしょうか。

ほとんどアメリカの企業が席巻しています。クリエイティブに新しいこと、これまでになかったサービスを展開した企業が勝っています。

自分が好きな分野に熱中しながら、既存のアイデアや慣習、過去の実績にとらわれないで仕事をするからこそ、成果が生まれるのです。


私自身、ドン・キホーテで仕事をしていたときには、どうすれば楽しいか、どうなれば楽しいかだけを考えて仕事をしていました。

ガチガチのマネジメント理論を学んだわけでもない私が、どのように会社の人財を育ててきたのか。それは「仕事が楽しい」と感じるチームづくりをしてきたことにあります。

私はどんな仕事をしていても全員がクリエイティブになれる、と考えています。

そのためには、何より、自分自身が仕事を楽しむこと。

「仕事がつまらないなら、楽しくする」を徹底的に実践してきました。

ミラクルショッピングの秘密

実際に私の例でお伝えしますね。

入社当時、ドン・キホーテの部署構成は、大きく分けて総務部、店舗部という2つの本部があり、店舗部側に営業権限が任されていました。

私は店舗部からスタートし、その後、時計や宝石などの高額商品や、アパレルを扱う売り場を任され、商品本部を起案し立ち上げました。

軌道に乗せるまでに少し時間はかかりましたが、いろいろとカスタマイズをして売り上げを伸ばし、社内MVPを獲得できました。そのとき、もっとも力を入れたカスタマイズは、商品のディスプレイとPOP販促のオリジナリティや新商品の企画でした。

ドン・キホーテでは、もともとダンボール陳列や商品を縦に積むディスプレイをしていました。そこに私が派手な装飾を加えて、現在のドン・キホーテならではのゴチャゴチャとしたジャングルのようなディスプレイにしていったのです。

最初に私がカスタマイズしたのは、川崎店の高額商品やアパレル品の売り場。その一角だけ、異様に派手派手だったわけです（笑）。

なぜ、そんな派手派手にしたかというと、「私が面白かった」から。

実は、私が高校生のころ、自分の部屋を同じようにカスタマイズしていたことがきっかけでした。面白い空間ができると、そこにいるだけで楽しくなる、ということを高校生のころから感じていたことでした。

ドン・キホーテでもそれを思い出しやってみたのです。

自分で装飾用のモール材や造花、布などを買ってきて、脚立に乗って、とにかく自分が好きなように、鼻歌まじりでディスプレイしてみたのです。事前に完成イメージはなく、ここはこうすると面白いな、なんかいい感じかも、という感覚で作っていました。

お客さんにしてみたら、「あの派手なコーナーは一体何なんだ？」と目を丸くする出来栄えだったはずです。もし私がお客なら、間違いなくそう思って、何の売り場なのかを確かめに行きます。その予想が的中して、実際にお客さんが集まって売り上げが伸び、最終的には年間売上800億円を超える部署になっていきました。

はじめのうちはみんな、私のやり方を鼻で笑っていました。ほかの売り場の担当者にしたら、「変なことをやっているな」と思っていたに違いありません。

ところが売り上げが伸びるにつれて、横目に見ていた担当者が真似をするようになりました。同時に売り上げを伸ばし、気づいたら店丸ごと派手なディスプレイになっていて、全体の売り上げも伸びていったのです。

これ以降、ジャングルのようなディスプレイは、ドン・キホーテの店舗全体のディスプレイとして定着し、売り場ごとにディスプレイで個性を出していくスタンスになっていきました。

遊ぶように仕事をすると、成果が上がる

ここでのポイントは、私が「いいアイデアを出そうとしたわけではない」ことです。

企画でもなんでもそうですが、「いいアイデアを出そう」「どういうものがウケるのか」「どうしたら売れるだろう」……などと机に向かって考えても、所詮は他人ごと。

いいアイデアは自分ごとになってはじめて、人に刺さるものが生まれるのです。

「自分がクライアントやお客だったら、こんなの絶対面白い！」と自分が本気で面白い、楽しいと思えるかが鍵なのです。

私自身、ディスプレイのアイデアを企画書にしたのではなく、「自分がこんなディスプレイに囲まれていたら楽しいな、お客さんも絶対に楽しいでしょ」と思って作っていったのです。

自分が本気で楽しんでいることは、人に絶対伝わります。もちろん、社会や会社でやるわけですから、あまりひどい趣味などは実践できないでしょうが、自分が好きなこと、楽しいことというのは、意外と武器になるのです。

こう言うと、「ドン・キホーテだからできたんだ」という人がいます。

でも、そうではありません。

たとえば、自分が「歌が好き」「ゴルフが好き」ということで、営業先で相手と仲良くなったりしているはずです。こういった、自分が楽しいことを、仕事においてより深く考え、楽しい時間を増やす企画をどんどんやってみることが大切です。

それだけで、仕事のパフォーマンスは上がりますし、働くこと自体がどんどん楽しくなっていくはずです。

結局、会社で評価される、会社でなくともビジネスの上で他人から評価される人というのは「おお！　それ面白いね！」「何それ、すごくいいアイデアだね！」と、面白がってもらえるかです。

それが人として面白がってもらえるのか、提案するアイデアや発想が面白いのか。どちらであっても大事なのは、自分自身が「本気で面白い」と思って仕事に取り組み、工夫をしながら楽しんで仕事をすることです。

仕事なので、裁量の範囲の中で、こんな提案したら面白いかな、やってみたら喜んでくれるかなということを全力でやる。それだけです。その精度が高いか低いかはありますが、やっていけば自然と精度は上がっていくのですから。

他人に興味を持てる人が成長する

人は鏡のようなもの

ほかにも成長する人の共通点はあります。

それは**「人に興味を持てる人」**であることです。

成果を出せる人は、人に対して興味や関心を持つ傾向にあり、成果を出せない人は周りの人やお客様、上司に対してもあまり興味関心を持たないで仕事をしている人だと感じます。

人というのは鏡のようなものです。

自分に興味を示してくれる人というのは、好感を持つようになります。これは人間の承認欲求にダイレクトに届くからです。承認欲求というのは人間の本能に根ざした欲求の中でもとりわけ強い欲求だと言われています。

また、上司に対しても部下に対しても、相手をより知ろうと興味を持てば、自然とコミュニケーションが生まれます。会話が弾み、信頼関係と仕事を進めやすい状況となり、それが仕事の成果につながるのです。

私自身、ドン・キホーテのアルバイト時代から実質的なナンバー3の立場になるまでずっと、上司や部下、アルバイトスタッフに対して、何が好きなのか、何が得意なのか、何をしているときが楽しいのか、ということに興味を持って接していました。

どの人も、本当によく話してくれました。相手が上司の場合、私は積極的で熱心な部下として映り、相手が部下の場合は、自分の話をよく聞いてくれる上司に映ったと思います。

共通して言えるのは、話が通じる人だと理解してもらえたこと。相手にそう認識してもらうことが、信頼してもらえるポイントになります。

自分が上司の場合、部下に自分の話ばかりをしがちです。でも、実はその逆の「聞く」ことが効果的だと言われます。よく言われる話ですが、その理由を深く考えていない人が多いです。その理由は「話が通じる」と、安心感が得られるからです。

たとえば、新入社員。わからないなりに、一生懸命に仕事をしているはずです。その思いを受け止めてくれる人がいると、それだけで救いになります。

私が新人だったころ、社内にも現場にも仕事を教えてくれる先輩も上司もいませんでした。相談できる仕組みもなかったため、アルバイトさんたちから業務内容を教わり、ひとりで物事を起案し、解決するしかありませんでした。

すべて自己責任なので、勇気もいりましたし、何より孤独な立場でした。その経験から、自分が管理職になったら、部下の話をしっかり聞き、相談に乗ってあげられる上司になろうと決心したのです。

マネジメントする立場になると、自分の経験則や教訓を教えたくなります。その気持ちはわかりますが、部下に慕われる上司というのは話を聞いてくれる人なのです。

得てして、多くの上司が興味を持っているのは売り上げや業績の数字、自分の評価で、部下には結果さえ出せばいいとしか思わず、部下自身に興味を持ちません。

私はこれまでの自分の経験からも、そういうタイプのリーダーが継続的に成果を出したり出世したりすることは絶対ない、と確信しています。

一時的に結果を出すことはできても、部下が育たないので、それなり止まり。

仕事がうまくいっているときはチームや部署はまとまっているように見えますが、売り上げが下がったり、結果が出なくなったりすると、すぐにバラバラになり、士気も下がってしまうでしょう。プレーヤーとしては優秀でも、マネージャーになるとダメ、というタイプが陥りがちな典型的なパターンです。

リーダーは部下に興味を持ち、本人たちを気持ちよく動けるようにしてあげるのが仕事です。少なくとも、これからの時代、そういったリーダーが成果を出すことができるのです。

人に興味がなくても突出した能力を持っていたり、ひとつのことを職人的に追求できたりする人も結果を出せますが、そういった人たちは会社員よりも、独立している人に多いタイプです。

生産性が高い人ほど、楽しそうに仕事をする

仕事ができるから楽しいではなく、楽しさを見つけるから仕事ができる

今、現状が楽しくないのは成功していないせい、と思っていないでしょうか。

もしもそうだとしたら、それは勘違いです。

論理が逆になっています。

「成功していないから楽しくない」ではなく、「楽しさを見つけようとしないから、仕事がはかどらず成果も上げられず、成功に近づけない」のです。

もちろん、仕事のすべての工程を楽しめるわけではありません。

クリアしなくちゃいけない課題や、ノルマだってあるはずです。仮に自分がやりた

い仕事につけても、その中でやりたくない業務などもあるでしょう。
だからこそ、どうやったら面白くなるか、どこに楽しくなるポイントがあるか、という視点に立つことが「できる人」と「できない人」の大きな分かれ目です。

たとえば、目の前に手間がかかる作業が山積みになっていたとしても、「だいたい2時間くらいかかりそう。1時間半で終わらせるゲームをしてみよう」と遊びに変えれば、人は勝手に集中してやるのです。
それは筋トレをするときに、スマートになった自分をイメージできているほど、成功しやすいのと同じです。

仕事でも、まず自分が一番得たい状態や感情、感覚をありありとイメージする。
そして、「やること自体」を遊びにする。

この手順で行動します。そうすると、生産性が一気に上がり、これまで出てこなかった視点からアイデアが溢れ出るようになります。私自身も常にそうしていますし、ドン・キホーテ時代に部下にもそう指導していました。

たとえば、作業が膨大にあるときや、大きい目標に向かっていくときは、細かく分ける必要はなく、ゴールや目標のほかに、中間目標をひとつと、最初にやるべきことを決めてください。

すぐに行動できないという人、仕事になかなか手がつかないという人は、すぐに行動できない状況にあるからできないのです。

歩く前に、走ろうかどうしようかをずっと考え悩んで、立ち止まっている状態です。

そうではなく、一歩足を前に進めると、どうやるか以前に、物事は動き出します。

そうすれば、勝手に進んでいくし、勝手に結果はついてくるのです。

成果を出す職場には雑談がある

成果はコミュニケーションから生まれる

面白いこと、楽しいことが人を動かす——。

このシンプルな考え方が、私がいたころのドン・キホーテにはありました。だからこそ、普通ではない、面白いこと、楽しんでもらえる会社に成長していったのだと思います。その中で多くの人財を育成してきた経験からも、確信を持っています。

大ヒット商品や良い企画は、マーケティング理論や数値だけを見ていても、絶対に生まれません。

上司の顔色をうかがいながら発言する会議や、早く終わることだけを願うミーティングでは、利害関係をベースにした当たり障りのない発言や、ありがちなアイデアしか生まれません。

ドン・キホーテでは、斬新なアイデアや突飛なアイデアで溢れています。

このようなアイデアはどこから生まれるのか？

斬新でいいアイデアは、雑談を楽しめる雰囲気の中から生まれます。

アメリカ広告業界の重鎮ジェームス・W・ヤングは、ベストセラー『アイデアのつくり方』（CCCメディアハウス）の中で次のように述べています。

「アイデアは既存の要素の新しい組み合わせである」

新しいアイデアは、自分の頭の中だけで考えても限界があります。コミュニケーションによって、話をしている中で、組み合わせがたくさん生まれます。アイデアは考えて出すものよりも、偶然の組み合わせのほうが爆発力を持っています。

手っ取り早くアイデアを出すための方法が「雑談」なのです。

雑談は、日常的な会話はもちろん、くだらない話をしてもいいし、楽しく会話ができればそれでいい。雑談が当たり前にある会社は、自然と伸びていくと感じています。雑談ができるということは、自由に発言できる空気やリラックスした状態で働けていることの証拠です。

逆に言えば、**「面白い」「楽しい」と感じるようなアイデアは、雑談ができる職場でしか生まれません。**「雑談する力」こそが、世界を変えるアイデアの近道になるのです。

下が上に遠慮しすぎることなくコミュニケーションが取れる部署の売り上げや業績は絶対に上がります。会社の売り上げや業績を上げていくためには、マーケティングや戦略や戦術的なことも色々とありますが、根幹となるのは、上司と部下のコミュニケーションがうまく取れていることです。

チームや組織として成果を出すには、人それぞれの得意分野や好きなこと、やりたいことを踏まえた人員配置が不可欠です。それを把握するにはコミュニケーションが前提になるからです。

人は、得意なことをしているとき、仕事が楽しいと感じているときほど、能力を発揮します。楽しい、面白いと思っていれば、自ずと生産性は上がります。

逆に、不得意なことやしたくないことは、どんなに頑張ってもはかどらず、生産性も上がりません。

「仕事は得意・不得意、したい・したくないに関係なく、やらなくちゃいけないもの」と考える人もいます。もちろん、そういう面もあるでしょう。

しかし、時間は有限です。ゼロかイチで考えるのではなく、少しでも「楽しい」「面白い」と思いながら仕事ができているかどうかで考えてみてください。

不得意、やりたくないことがほとんどの時間を占めているのであれば、生産性は高くないでしょう。

不得意なことでも数をこなすうちに、少しずつ成果を出せるようになりますが、素直に、本人が得意なこと、したいことをさせたほうが断然効率がいいのです。

モチベーションを上げてやる気にさせる、という意味でも、本人が得意なこと、したいことをさせるのが一番いい。

つまり、部下のやる気をうまく引き出すカギも、得意・不得意を知ることができるコミュニケーションにあるのです。

もし自分の部署にはやる気のない部下ばかり、指示待ち部下ばかりだと感じるなら、リーダーシップの本などで部下の動かし方を知ろうとする前に、「本人の得意なことやしたいこと」を見つけることをしてみてください。

人には、それぞれ「輝ける場所」が必ずある

人には個性があります。私は個性を大事にすることが人財育成だと考えています。しかし、多くの上司はどの部下にもマニュアル通りの対応しかせず、部下も、「これは仕事だから」と自分の個性を押し殺す人が少なくありません。

それでは、お互いに成長できなくなります。

大事なことは**「適材適所」**という考えです。

人には輝ける場所が必ずあります。能力というのは絶対的なものではなく、相対的なものだからです。

たとえば、サッカー選手も、あるチームでは全然ダメだったのに、移籍した途端大活躍することだってあります。反対に大活躍していた選手が、移籍した途端まったく

活躍できなくなることもあるでしょう。

ビジネスパーソンもまったく同じです。

自由な発想で工夫するのが好きな人が、単純作業などのルーティンワークをする部署に行くと伸び悩みます。逆もまた然りで、ルーティンワークをきちきちとこなすことにやりがいを感じる人が、自由な発想や工夫を求められる部署に行くと苦労します。

そうしたミスマッチをなくして、適材適所で働くことができれば、誰でも能力を120%発揮できる、というのが私の考え方です。能力を発揮しやすくなるほど仕事が好きになるので、自然と結果が出て、評価が上がります。


そうなるために、会社でのコミュニケーションは欠かせません。

同時に、自分自身でも、「自分が本当にしたいことは？」「得意分野は？」「自分の個性とは？」と考えてみてください。

自分自身が把握していれば、正しい場所で働く選択ができるようになります。

仕事が楽しくない人はどうすればいいか？

「仕事が楽しい自分」を見つける方法

ここまで読んでも、

「私は別に好きなことを仕事にしなくてもいい」
「生活のためにこの仕事をしているだけ」
「仕事なんて興味ないし、プライベートのことだけを考えて仕事をしている」

という人も多いかもしれません。

プライベートが楽しい、仕事よりプライベートのほうが大事という人の気持ちはもちろんわかりますし、否定することではありません。

ただ、仕事が面白いほうが人生は断然楽しくなります。充実度、満たされる感情はまったく違うはずです。多くの人から感謝され、それに喜びを感じ、報酬もいただける。

「好きなことを仕事にしていない」という気持ちもわかります。

それでいいのです。**私は何も「自分の趣味を仕事にしましょう」と言っているのではありません。**たとえば、私自身、好きなことは音楽であり、歌うことであり、自然の多い場所に行くことです。幸い、音楽も仕事になっていますが、本業はコンサルティングやコーチングです。

カメラが趣味だから、カメラマンになろうとかいうことではないのです。

もちろん、自分の趣味や、自分が好きなことを仕事にできれば一番いいかもしれませんが、それは難しい場合が多いでしょう。野球が好きだからといってプロになれるわけではないし、漫画が好きだから漫画家になれるわけではないからです。

私が言っているのは、**自分が何に喜びを感じるか、何を面白いと思えるかを理解し、体感し、それを仕事にする**ことです。

たとえば、自分が考えたアイデアを形にすることが楽しい人は、仕事であろうが、プライベートであろうが、それを徹底的にやればいいということ。

人と話すことが好きなら、なぜ好きなのかを考え抜き、それを仕事でどう活かすかを考えることです。

そのためには、自分を知ることが最も重要です。

人は自分に向いていること、好きなことというのは案外わかっていません。

つまり、自分を知ることができていないのです。

自分を知っていれば、どこで働けば自分の才能を活かせるか、何を仕事にするともっともいいパフォーマンスが出せるか、どう生きると人生の質が上がるか、などがわかってきます。

自分を知る方法については第5章の「自分を変えるセルフコーチング」を実践してみてください。

第2章

「仕事が楽しいモード」になる方法

「仕事が楽しいモード」に自分を変える方法

マインドセットを変える3つの視点

この章では、自分の働き方を「仕事が楽しいモード」に変える方法をご紹介していきます。

このマインドセットに変えるための大事な視点があります。それは次の3つです。

・仕事そのものを楽しめているか
・仕事を楽しむための工夫をしているか
・周りの人やお客様を驚かそう、楽しませよう、喜ばせようと考えているか一番いいのは、「仕事そのものが大好き」であること。

「楽しくてしょうがないこと」を仕事にできている人は、当然その仕事のことを考えている時間、労力がほかの人とはまったく違うものになります。本気で取り組み、誰よりも頭を使うことができます。結果として、他人とは比べ物にならないくらいの成果につながります。

もちろん、好きなことを仕事にできていない人もたくさんいるでしょう。

そういう人がやるべきは、**「仕事の面白さを見つけようとすること」**です。

やりがいを感じない仕事を、何も考えずただただ続けたり、つまらないと思いながら仕事をしたりしても、ほとんどが成果も出ず、働いている本人はもちろん、雇っている側としても、どちらにとっても何も良いことはありません。

それどころか、やっている本人は、成果も出ず、周りに迷惑をかけたり、怒られたりしているうちに自信を失ってしまう可能性もあるでしょう。

そうなる前にやるべきことが、「楽しさを見つけるマインドセット」です。

仕事が楽しいと感じている人は、何も自分の趣味や興味を仕事にしているわけではありません。今の仕事をする中に小さな喜びや面白さ、楽しさを見つけて、それを膨らませていった人なのです。

どんな仕事でも、人を楽しくさせることを考える

そして、仕事をする中で、「周りの人やお客様を楽しませよう、驚かせよう、喜ばせようとしているか」も大事です。

私はこの考え方を「エンターテイメント精神」や「アミューズメント精神」と呼んでいます。

私が働いていたドン・キホーテはこの精神に満ちあふれていました。

たった1店舗から数年で数百店舗に成長した理由は、徹底的にこのマインドセットで商売をしてきたからだと思っています。

映画や音楽などあらゆるエンターテイメントが人を魅了するのは、それを通じて驚きや楽しさ、喜びが与えられるからです。

「でも自分の仕事はそういったものを提供できない……」と思う人もいるかもしれませんが、決してそうではありません。

ビジネスで圧倒的な成果を出している人、会社員として成長する人は、周りの人やお客様に対して、驚いてもらおう、喜んでもらおうという意識が必ずあります。そして何より、そのための努力を本人が楽しんでいるのです。

これも私が1万人のマネジメントをしてきて気づいたことです。

「仕事が楽しい」と、「職場環境が楽しい」はまったく違う

こういう話をすると「私、今の仕事がすごく楽しいんです」という人がいますが、詳しく話を聞いてみると、実際は「職場の人間関係が良好だから、楽しい」という人が少なくありません。

もちろん、仕事をする上で、職場の人間関係が楽しいというのは非常に大事です。

自分ひとりで完結する仕事なんて基本的にありません。必ず人と人との関係性が生まれます。上司や同僚の場合、実際に顔を突き合わせて過ごすことも多いし、お互い

協力したり、助けたり、助けてもらったりするものですから、人間関係が悪い状態だと、パフォーマンスが上がるどころか、その職場に行くことさえ嫌になるでしょう。それでは成果を出すどころではありません。

人間関係が良好で職場が楽しいというのも非常に大事ですが、ここで言っている「仕事が楽しい」は、本当に仕事をこなしていくことそのものを楽しめているかです。それを見極めたほうがいいでしょう。

なぜなら、人間関係が変わってしまえば、その仕事が楽しいものではなくなってしまう可能性があるからです。

同僚や後輩、上司とのコミュニケーションが楽しいというのも悪いことではありませんが、自分がやっている仕事が楽しいという状態にもなっていると最強です。

仕事そのものと職場の両方が楽しい状態であれば、仕事は遊びに変わります。

改めて見直してもらいたいのは、自分が今やっている仕事が本当に好きかどうか、楽しめているかどうかです。

仮に好きではなくても、自分が貢献できる仕事、自分ならうまくこなせる仕事というのも、楽しいものです。それでいいのです。

すべての人が「自分の好きなことだけで生きていく」なんてできるわけではありません。

でも、「自分ができることはこれなんだ」と決めた以上、それをやっていて楽しい、評価される、うまくできる、は「仕事が楽しい」を感じる大事な要素なのです。

自分の「ワクワク感度」をガッツリ上げる

自分のワクワクにフォーカスしよう

仕事を楽しいモードにする方法は、自分のワクワク感度を高くすることです。

仕事で成果を出す上で大切なのは、気乗りしない仕事を振られたときも、いかに面白くなるか、ワクワクした気持ちで取り組めるかです。

こう言うと、

「いやいや、つまらない仕事を面白くするのって無理でしょう」

と思われるかもしれません。

では、仕事でワクワクすることなんてできない、という人に質問です。

仕事以外ではワクワクしているでしょうか。

私がこう質問すると、案外、「仕事以外でもワクワクすることがなくなっている」という方が少なくありません。

つまり、仕事がつまらないからワクワクできないのではないのです。**そもそもの「面白い、ワクワクする感覚」が失われているのです。**

ワクワクできないのは、仕事ややっていることの問題ではなく、自分のワクワク感度が下がってしまっているのかもしれません。

面白いことに出会っても、好奇心が湧いたり、テンションが一気に上がったりせず、やってみようと思えなくなっている。そこに原因があります。

だから、**まずやるべきことは「自分がワクワクする気持ちをもう一度取り戻すこと」**なのです。

そのひとつの方法が、小さいころのことを振り返って、楽しかったこと、夢中になったこと、好きだったことなどを思い出すことです。思い出したら、どういうところが楽しかったのか、なぜ夢中になったのかを考えてみてください。

たとえば、

・個人競技より団体競技が好きだったから、みんなと協力し合うのが楽しかった
・読書や絵を描くことが好きで、ひとりで黙々とできるから夢中になっていた

といった具合に。小さいころにしたことは計算して行っていません。

やりたいからやった。
楽しいから夢中になってやった。

シンプルな行動原理です。だからこそ、子供の頃の自分を思い出すと、自分のワクワクすること、夢中になったことが見えてきます。
人がワクワクすることは、成長してからも根本は変わりません。だから、自分が心からワクワクするヒントを見つけやすいのです。

「周りの人が好きだから好き」は外して考える

自分の「好き」「楽しいこと」「やりたいこと」を考えるとき、気をつけなければいけないのは、「周りの人が好きと言っているから好き」になっていないかです。自分が好きだと思いこんでいるけど、実は周りに合わせて好きと思っている場合もあります。

大事なのは自分が心から「好き」「ワクワクする」という感情です。自分の中から湧いてくる、「これが好き!」「これをやりたい!」「こうなりたい!」という欲求なのかどうか、ひとつ感じてみてください。

それが自分を信じるということです。

「これが好き!」「これをやりたい!」「こうなりたい!」という欲求に根拠がないように、自分の心を信じることに、根拠はいりません。

私は、このワクワクすることを信じる気持ち、いわば「ワクワクマインド」が生き方や働き方の軸になって、成功するために必要な前提だと思っています。

また、ワクワクマインドを大事にしていると、新しい企画や商品を手にしたときに、「これはウケるな」「これは売れるな」という直感がセンサーのように働きやすくなります。

実際、ドン・キホーテ時代に、ワクワクした商品は必ず人気商品になりました。逆もまた然りで、ワクワクしなかったものはまったく売れませんでした。


ワクワクすることに対して、お金がないからできない、ニーズや将来性がなさそうだからダメだ、などと思考してはいけません。

もし、周囲からあれこれ批判されたら、それは一意見として受け止めればいいだけ。自分がワクワクすることを捨てる必要はまったくありません。

批判する人とは、一緒にやらなければいいだけのことです。

そして、自分のワクワクを誰かに否定されたくなかったら、他人がワクワクすることを否定しないこと。お互いに、認め合うようにすればいいのです。

「ワクワクするか？」が行動の最終決定法

「ワクワク感度」の低い人がやるべきこと

ワクワク感度の低い人がやるべきことがあります。

それは、自分がワクワクできることを知ること。片づけコンサルタントの近藤麻理恵さんの「モノを持ったときにときめくかどうかで、捨てるかどうかを決める」という〝こんまりメソッド〟に似ているかもしれません。

やってみてワクワクする。そのことを考えるだけで、ワクワクする。

それこそがあなたの好きなことであり、楽しめること、成果を出せる種。

それがすなわち、もっともパフォーマンスを発揮できることなのです。

また、自分がワクワクしないことを知っておくことも大切です。

それも自分を知ることです。

自分がつまらないと感じること、やりたくないことが何かを意識していない人が多い。自分がやりたいことだけ言って、自分がやりたくないと思っていることは意外とわかっていない、もしくは言語化していない人が多いです。

でも最初から、「これはやらない」を決めておけば、人生で悩む機会も減り、自分が本当にやりたいこと、好きなことだけで、人生の時間を埋めていくことができます。


自分がワクワクしないことを明確にせずに、なんとなくやってしまったり、周囲の期待に合わせたりしていると、自分を見失います。ワクワクする感度が下がり、「好きなことなんてない」「ワクワクするなんて、ここ数年まったくない」という状態になってしまう。それではいけないのです。

ワクワクしないことだとわかっていれば、適当に流してしまってもいいのです。自分に嘘をついても、結局は続かないし、成果も出るはずがないのですから。

人間は感情で動くからこそ、シンプルである

人間は感情で動く生き物。だからシンプルです。

ワクワクすること、楽しいこと、面白いことのほうが力を発揮できるし、メンタル的にもいい状態になります。

楽しい、面白いという状態のとき、脳は様々ないい脳内ホルモンが出ます。幸せホルモンなどと呼ばれるセロトニンやオキシトシン、アドレナリンなどがたくさん出て、楽しくてしょうがなくなるもの。

それが仕事になっていると、どれだけ無敵かわかるはずです。

もし、どうしても自分が何にワクワクするのかわからない、もしくは、自分のワクワクに自信が持てないとしたら、それは周囲の目を気にしすぎているからかもしれません。

そんなときは、**「世界に自分を知っている人間が誰もいなくなったら何をするか？」**

を考えてみてください。

親も、友達も、誰も自分を知っている人はいません。


今から何をしますか？

何をして生きていきたいですか？


自分の頭の中で考えるだけですから、どんな答えでもＯＫです。

好きな仕事、好きなことができます。

そんな状況で、自分は何をするか、どんな行動を取るか、と考えてみましょう。

その答えに、本当にワクワクすることのヒントが隠れています。

バカバカしいアイデアが出てくるかもしれませんが、バカにせず、それを行動してみましょう。

他人は思っているほど、あなたのことを見ていません。

だから、ワクワクに従い、ガンガン行動していけばいいのです。ワクワクしていると行動力も、やりきる力もとんでもないものになるのですから。

新しいことを徹底的にやり込め

ルーティンを壊すと、新しい価値が生まれる

仕事を楽しいモードにする鍵のひとつが、「脱ルーティン」です。

ルーティンになっている毎日に刺激を与えられるか。

これは私自身にとってもそうですし、お客様に対しても、常に意識して伝えていることです。

現在、私は経営コンサルタント兼エグゼクティブコーチとして、一部上場企業をはじめ、経営者や多くの会社員の相談に乗っています。ミュージシャンとドン・キホーテ時代の経験を活かし、より自分が本気で楽しいと思える、コーチやコンサルタント

がしたいと思い独立しました。

これは新しいチャレンジ、新しい刺激であり、自分が本気でやりたい、面白いと思ったからこそした決断です。

その決断の結果、毎日刺激に溢れ、コーチングは稼ぐことが難しいと言われている中、多くのクライアントを獲得し、日々忙しい毎日を送っています。


仕事は必ずルーティン化します。

ルーティン化は実は危険なのです。**日々同じことを繰り返すことで、「楽しい」「面白い」ということがなくて当たり前になってしまいます。**

子供の頃は誰もが、「今日は何をして遊ぼうかな」「○○してみよう」と毎日ワクワクして、常に面白いこと、新しいことをしてきたはずです。

社会人になるとそれをしなくなります。同じ電車に乗り、同じ人と会い、毎日を同じように過ごすようになっていきます。

こういったルーティン化する毎日で、自分の感度が低くなってしまいます。毎日に期待しない、面白いことを期待しない、無意識的に、そうなってしまうのです。

でも一度考えてみてください。

そんなのつまらなくないですか？


仕事が一番面白い。もしくはプライベートで遊ぶことも面白いけれど、それと同じくらい仕事も面白いと思える人だけが、結果を残していきます。

「結果が出る、だから面白い」ということもあります。


でも、因果関係は逆なのです。

「仕事が面白い！」と本気で思えているからこそ、そうではない人たちとは比べ物にならないくらいの熱量と時間をつぎ込むことができます。それもストレスなく。だからこそ圧倒的な成果の差となるのです。

「楽しい」が正解

大事なのは、**一見「不正解」でも面白いものを選ぶ**です。

私の商品ディスプレイのやり方は、ディスプレイのセオリーからしたら、だいぶ外れたことをしました。ゴチャゴチャして見にくいという人もいるでしょうし、ここかしこについている装飾が落下することを心配する人もいるでしょう。

でも、私がしたかったことは、私自身が楽しんで仕事をしたい、ということでした。商品が見やすくて、手に取りやすいのは、整然ときれいに並べることだとわかっています。でも、その「正解」を形にしても面白くありません。実際、きれいにディスプレイされた商品というのは、どんなお店でも同じになってしまいます。

同じ商品であっても、「ここで買いたい」「このお店に来たら何かあるかも」と思ってもらうには、**「正解」ではなく、あえて「不正解（非常識）、だけど面白いもの」を選ぶ**必要があるのです。

そういった売る側の感情やテンション、熱量は、お客さんにも伝わります。これが人の心を動かし、巻き込む力になるのです。

このお店は面白味がない、ムードが悪いなどと感じながら、購買意欲が増す人はまずいません。理屈抜きに楽しめるから、お目当てのもの以外にも、何か面白いものはないか、と宝探しをするように買い物を続けてくれるのです。

多くの方々がドン・キホーテに入ると、「なんだこの店は！」と驚いて、ワクワクしてくださるから、買い物を楽しんでくれるのだと思うのです。

これはお店のディスプレイに限らない話で、映画やドラマ、音楽などでも、作り手が儲け・ビジネスのことばかりを考えて作ったのか、本人たちが本気で面白いものを作ろうと思って作ったのかというのは、案外わかるものですよね。

どんな仕事でも同じで、**感情は伝染する**のです。

人が本気になって楽しんでいるエネルギーに触れると、周りも楽しい気分になり、それが伝播していきます。

だからこそ、楽しむこと、楽しいことが自分にとっても周りの人にとっても大切なのです。

「楽しさ」こそが最優先事項である

「こうやったら面白いんじゃない？」思考

通常の量販店では、商品の長所やスペックを前面に出して売ろうとしますが、ドン・キホーテの売り方はその手法にとどまりません。

自分が客だったら、値札にさえ「何これー！」と言いながら楽しみたい。

これを私は、**「価格のアミューズメント」**と言っていましたが、価格にもアミューズメント性があって、価格のつけ方も、買い物をするお客さんの楽しみを左右すると考えました。

極端に言えば、**「楽しさ」こそが最優先事項**という考え方です。

あるとき、搬送中に台風に遭って汚れてしまったTシャツが届いたことがありました。それを見たスタッフは売り物にならないから廃棄しようとしましたが、私はふと、「これを売ったら面白そう！」と思いました。

面白くないものを面白くする、それが面白いのです。

そこで、「自分だったらどういう売り方をされたら買うか」を考えました。

売る側は、買う側の視点で考えるのが基本です。作り手の視点で商品の特徴をアピールするだけでは、買い手の気持ちはつかめません。

その鉄則を踏まえて、**値段は10円にして、ポップには「台風で汚れがついていますが、洗濯したら落ちる！」**と書いて売り出したところ、ダンボール1箱分が10分ほどで売り切れたのです。お客さんは「10円なら買うわ」とか「洗ったら落ちそうね」とか言いながら、笑顔で買ってくださいました。

これは「世界一まずいラーメン屋」と謳っているラーメン屋さんにお客が集まるのと同じ、逆転の発想です。

売れないからこそ遊びがいがあります。

売れるものをただ売っても面白くありません。

売れないものは面白くして売る。売りたいものを最後の最後まで粘ってアイデアを出す。これが仕事です。

だから私は、売れる魅力がない商品ほど、やる気に火がついて燃えていました。

なぜなら、「仕入れたけど売れないもの」のほとんどは、価値がないから売れないわけではないからです。

家電でも本でもそうですが、中身ではなく、価値を面白く伝えられていないから売れないだけなのです。

だからこそ、**売れないものでも、工夫次第で価値が伝わるものになる**のです。

ディスプレイを変える、ＰＯＰの言葉を変える、価格を変える。

これらすべて、アイデアとストーリーを作れば、お客さんに「面白い」と感じてもらうことができます。

仮に、その商品を買わない人でも、通常ではあり得ない価格設定の値札を見たときの驚きは、余韻として残ります。それは必ず、ドン・キホーテはほかのお店にはない面白い店という印象づけになり、「また来よう」という来店動機につながっていたと思います。

深刻になって売れるのなら、いくらでも深刻になります。でも、深刻になっても売れないものは売れません。むしろ、深刻になるほど無難な選択になりがちで、思い切った意思決定ができなくなります。

だから**「深刻にならない」「諦めない」「どうやったら面白いか」というマインドセットを常にキープすることが重要**なのです。

「売り上げを達成するためにはどうすべきか」ではなく、「どうすれば現状を楽しめるか」にフォーカスする。そのほうが、いい結果に結びつきます。

実際、私は、部下にもそう言って指導していました。

売り上げを達成する方法がいくつかあるなら、一番楽しくできる方法を選択しなさい、と。

もし売り上げを達成できなかったとしても、思い切ったことをして楽しめた分、発展できる、イコール成長できるからOKなのです。

リラックスして働く

グーグルも実践する生産性を上げる方法

楽しい、面白いで仕事するメリットは、個人の成果や働きやすさだけにとどまりません。チームや会社の業績、働きやすさにもその影響は伝播していくのです。

その影響のわかりやすいものが、**「心理的安全性」**が確保されることです。

心理的安全性とは、グーグルを筆頭としたシリコンバレーで多くの企業が実践し、チームや会社組織の生産性を高める方法として、よく知られています。

たとえば、

・会議に参加しているのに発言できない
・本当はこうしたほうがいいと思っているのに、それを言えない空気がある
・チャレンジは評価されない
・ひとつのミスで評価を下げられる

こういった場合、心理的安全性がない職場、だといえます。
逆に、心理的安全性が確保されている職場は、

・自由に自分のアイデアを伝えられる
・上司であっても、他部署であっても、自分の発言が認められる
・新しいことにチャレンジしやすい
・チャレンジに対してミスしても叱責されない

こういった状況です。実際、

「あれをしろ！」

「これをやらなきゃ！」

「怒られないようにしなきゃ……」

という職場環境と、

「こうしたらどうだろう！」

「それ面白いね！」

「やってみようか」

「じゃあ今度会議で提案してみよう」


という会話ができる環境、どちらがいいパフォーマンスを発揮でき、どちらがクリエイティブなアイデアが出てくるでしょうか。

後者のほうが、どんどん新しいアイデアが湧いてくるのがわかるはずです。

グーグルは、この「心理的安全性」というものを大切にしています。「自分で考え、やりたいようにやってもいい」「私はここにいてもいいんだ」と感じられる状況を作り上げることで、個人のパフォーマンスや働きやすさは飛躍的に向上します。

私が部下をマネジメントしていたときには、「心理的安全性」なんて言葉は社内にありませんでしたが、部下やチームが働きやすい空気感を大切にしていました。

私なりの言葉でいえば、「リラックスして働けているか」です。

緊張していると、人は自由な発想、面白いアイデアなんて浮かびません。たとえば、売上目標や毎月の目標をガチガチに固めて、責め立てるような会議をする会社で、「今月の売り上げはどうなってる！　目標達成できなかったなら、どうするんだ！」と声を荒らげる上司がいれば、何も新しいアイデア、提案なんて生まれませんよね。

それどころか、発言することすら憚(はばか)られるようになります。おそらく、斬新なアイデアがあったとしても、それを発言することはできないでしょう。

こうなると、言われたことしかやらない部下の出来上がり。ある意味当然のことなのです。

ホームで戦うように働けているか？

仕事で成果を上げる人になる極意は、「ホームのように戦う」ことです。

スポーツの世界で「ホーム」「アウェー」といった考え方があります。

一般的に本拠地であるホームだと勝てるけど、敵地のアウェーでは勝つのが難しくなったりします。これは心理的な作用が働くからだと言われています。

ホームでは心理的なプレッシャーが弱く、アウェーでは心理的なプレッシャーが強くなり、緊張したり、体が固くなったりします。

これは仕事でも同じ。自分が安心感を持って働ける環境にあるか。いい心理状態で仕事ができているか、これこそが成果を上げる鍵なのです。

だからこそ、私は部下の心理状態に徹底的に気を配りました。

働くことが楽しい、アイデアや提案をすることが楽しいと思える空気を作ることが、私のひとつの大切な仕事だったのです。

ホーム
リラックスして働ける（ストレスフリー）
能力アップ
コミュニケーション力アップ
アイデア力アップ
行動力アップ

アウェー
常に緊張や不安を抱えた状態（ストレス）
能力ダウン
コミュニケーション力ダウン
アイデア力ダウン
行動力ダウン

実際、ドン・キホーテ時代も、私の部署はいつも和気あいあい。あーでもない、こーでもないとずっと誰かが話している。ほかの部署はシーンと真面目に仕事をしている。一部の人からは白い目で見られていたと思います。

でも、結果を出していたので、誰からも文句を言われることはありませんでした。


もちろん、遊んでいて、ずっと話しているだけでいいわけはないでしょう。かといって「結果が出ないから、黙って真面目に仕事をしろ」というのも間違いです。

ドン・キホーテだけでなく、様々な企業にお邪魔していますが、伸びている会社は、社員が圧倒的に元気です。本当に楽しそうに働いています。

だから言いたいのは、**「結果が出ていないときこそ、人と話せ」**ということ。

人と話すことが減っていくと、その職場が楽しくなくなります。何も勤務時間中無駄話をずっとしていろというわけではなく、休憩時間や、ほんの1〜2分でもいいから、人と話すこと。

最近は隣の人ともメールやチャットをする人が増えていますが、メールを送ったら「送ったよ」の一言でもいい。そんな小さなコミュニケーションが大事なのです。

結局、人は環境に左右されるのです。

誰も話さないと、「話してはいけない」と感じ、自分も話さなくなります。徐々に誰も会話しなくなって、大事なことがあるときしか話しちゃいけない、馬鹿な発言はしちゃいけない……と、自分で自分を縛るようになります。

そして、コミュニケーションの回数が減ると、社員のチャレンジへの気概も奪います。

いい具合にコミュニケーションが取れていると、信頼関係ができていきます。すると、仮に何かに失敗しても「○○さんのことだから大丈夫だよね」などと許してくれたり、助けてくれたりするでしょう。

一方、信頼関係のない職場の場合、失敗はすなわち職場における「死」につながります。そうすると、失敗を恐れて、チャレンジしない、みんなに合わせる凡庸な人になってしまうのです。

人間は思考する生き物ですが、思考ばかりで楽しさや面白さを感じる感覚をおろそかにすると、いいアイデアは浮かばなくなります。

心の余裕があれば、クリエイティブな思考ができます。

その鍵は、リラックスして働けているかにあるのです。

なぜなら、リラックスできていると、いろんなところに五感が反応して、感覚の働きがよくなるからです。

自分の反応について、「これってなんだろう?」「どういうこと?」と頭で考えることが思考です。つまり、感覚が先にあって、思考はあとからついてきます。

子供のころは、みんな思考よりも感覚や感情を優先して生きています。

それが、いつの間にか思考ばかりが優先してしまい、社会人になると仕事とはこうすべきもの、会社ではこう振る舞って当然などと、頭だけを働かせてしまいます。

それは心が閉じて、感覚が鈍った状態です。

働きづらさだけではなく、生きづらくなりかねません。

私が実践している仕事を楽しむためのコツ

インプットとアウトプットを楽しむ

通常、仕事をするということは、与えられたことをこなし、上司に文句を言われないようにするか、評価されて褒められようとすることがほとんどではないでしょうか。

しかし、私の場合は、どんな仕事も人生の一部として捉えているので、たとえ組織の中にいても、仕事に関連する出来事や知識に関して、今は評価に関係ないことだとしても、面白いなということを率先してインプットしていました。

そして、そのインプットしたネタを必ず誰かに共有して、面白がられるかなどの反応を見ていました。

特に反応の良いネタに関しては、自分のネタにしていき、仕事の企画アイデアの種にすることはもちろん、会話の話題に取り込んだりして、外部との折衝や部下や同僚、上司とのコミュニケーションにも使っていました。

そうすることで、自分自身が楽しいだけでなく、周囲も楽しくなり、一石何鳥にも広がり、仕事そのものもさらに楽しくなっていくのです。

妄想を楽しむ

妄想と言えばネガティブイメージを想起する方もいらっしゃるかと思いますが、私はよく、「この現状がここからこうなるとどうなるか?」のポジティブイメージとネガティブイメージの両方を妄想します。ネガティブイメージの妄想に関しては、リスクマネジメントに生かして、リスクヘッジを取る方法などのアイデアを出していきます。

ポジティブイメージの妄想では今からできることを書き出して、その中から現実的に行動できそうなことを実行につなげていきます。

すると、妄想からアイデアが生まれ、新たなビジネスモデルが生まれることも実際に何度もありました。

妄想をいかに楽しみ、コントロールするかで仕事だけじゃなく、人生においても楽しみを見つけることができ、未来への懸け橋にもなるのです。

表現する

「表現」と聞くとアーティストをイメージする方が多いかと思います。

でも、人は毎日何かを表現して生きているのです。

挨拶や、思いを口にすることや、料理でも、仕事内容でも、すべて表現と言えます。

なので、表現することは難しいことでもなんでもなく、素直に感じたまま、浮かんだ思考などをアウトプットしていけばいいのです。

先ほどの妄想もそうですが、こうだったら楽しいのに、ということを絵にして書いてみることもオススメです。

そのときは、できればパソコンではなく、手書きが良いです。殴り書きでも、下手くそでもかまいません。手で書くということは、脳の前頭前野が活発に動いて創造性や思考の後押しをしてくれると言われています。

私はいつも大きめの紙に思いついたことなどを書いて、今の自分を表現しています。そうすることで、心が落ち着き、ストレス発散にもなりますし、新たなアイデアの種にもなるのです。

第3章

最強のメンタル「ミラクルマインド」

成果を出す人の最強のメンタルの作り方

仕事が自然と楽しくなり、成果が上がる「無敵のあり方」

「仕事が楽しいモードになる方法」についてここまで書いてきましたが、自分の行動を変えていくのと同時に必要なことがあります。

それがメンタルです。メンタルというと「心の強さ」と捉える人が多いかもしれませんが、ここでは自分の「前提」「あり方」を意味します。そもそも、メンタルは本来「精神性や心のあり方」を示す言葉です。

第2章で紹介した「仕事が楽しいモードになる方法」は、あくまでも方法論。本章では、自分の根本である「前提」「あり方」を変える必要があるのです。

具体的に言えば、どれだけ楽しもうと思っても、日ごろからネガティブだったり、愚痴っぽかったりする人は、うまくいきません。また、仕事が楽しいと思っていたけど、上司に変な介入をされて急につまらなくなってしまうこともあるでしょう。

こういった横やりや、頑張っても楽しんでも無駄だったと思う気持ち、それすらも「前提」「あり方」を変えると、それらに左右されなくなっていきます。

つまり、メンタルを根本から変えていく必要があるのです。

私自身が実践し、かつ1万人以上のマネジメントをして、わかった最強のメンタルのことを「ミラクルマインド」と呼んでいます。

私が思う最強の「心のあり方」です。

たとえば、いい結果が手に入るときだけ、ポジティブになるのは普通のこと。どんなときでも結果や現実を前向きに受け止められるメンタルでい続けられること。

この状態になると、ある意味「無敵」になります。

思いもよらない予想外の悪い出来事、面倒くさい人が周りにいても、チャレンジしていたことがネガティブな結果であっても、そういった結果や周りの環境に振り回されなくなり、メンタルダウンが起こりにくくなります。

ミラクルマインド状態になると、人生はイージーモードに変わります。行動力も高まり、人に対してや自分に対して、アンテナが張られた状態になり、クリエイティブな発想・アイデアが湧いてくるし、「なんかわからないけど楽しい」「面白い」「やってみたい、やってみよう」という上昇思考サイクルに入るのです。

前提をひっくり返すことから始めよ

この状態になるためのコツは、いくつかあります。

一番大事なのは、「前提」をひっくり返すこと。

たとえば、**「うまくいくという期待を捨てること」**。

多くの人が、会社の人間関係に悩んだり、悩まされたりする理由は、「期待」にあります。ポジティブだったり、ネガティブだったりに振り回されてしまうのも同じ。

家族でも、パートナーでも、同僚でも、上司でも、怒りを感じたり、がっかりしたりするのは「自分の期待通りにやってくれなかった」ということが多いのです。

お店で店員さんに怒っている人がいるのも「こういう対応されるのが普通」と無意識に予想という期待をしているわけです。

この「期待」というのを捨てるだけです。

それだけで、うまくいかないことがあっても、「まあそういうもんだよね」と流すことができます。

うまくいくという前提、うまくいくという期待をしない。

ではそのために何をするかというと、「うまくいく・いかない」という結果にフォーカスするのではなく、自分にとって「面白そうなこと、楽しめること、楽しいこと」をやってみる、ただそれだけです。

「ミラクルマインド」の3条件

自分を大事にできない人は他人も大事にできない

突然ですが、次の3つのうち、あなたはいくつ当てはまりますか？

①自分を大事にできている
②相手のことを考える余裕がある
③人に喜ばれることをいつも考えている

これは、「ミラクルマインド」を満たす3条件です。

「自己啓発の父」として知られるアルフレッド・アドラーのアドラー心理学では、幸せに生きる第一条件として、「自己受容（自分に価値があると感じられる）」が定義されています。

自分自身が楽しみながら働き、結果を出すためにも、「①自分を大事にできている」ということは、必要不可欠な条件です。

これは自分に対する無根拠の信頼感があるということであり、「自分さえ良ければいい」という意味ではありません。むしろ逆で、自分を大事にできると、他人のことも大事にできるようになります。

なぜなら、人を大切にするという根本が同じだからです。

逆に、自分のことを大事にできない人は、他人も大事にできません。

自分のことを大事にしている人ほど、相手のちょっとした顔色や態度の変化に気づけます。他人の感情の機微に敏感なのです。だから仕事でも、プライベートでも、人に好かれる傾向にあります。

「自分」の優先順位を上げていこう

「自分を大事にできている人」とは、言い換えると、自分自身の心の優先順位を高くできている人です。

メンタルバランスを崩してネガティブになったり、仕事も人生もつまらないと感じてしまう人は、自分の心の優先順位が下がっている傾向にあると感じます。

たとえば、他人や会社といった自分以外のことを優先してしまうあまり、自分が犠牲になってしまうような状態です。上司から頼まれたこと、知人や友人からの誘いやお願いに応えようと必死で頑張っている一方で、自分が本当はどうしたいのか、自分はどうありたいのか、といった自分の心の優先度を下げてしまっているのです。

そうなると当然、心は疲弊し、自分がワクワクすることも、面白い・楽しいといったことを期待する感情も失われていってしまいます。

条件1「自分を大事にできている」を手にするためには、自分を大切にしようと思うだけでなく、**自分の心や思いの優先度を上げていくこと**です。自分の心の声が、本当はどうしたいと思っているのか、に耳を傾け、その思いを大切にすることをしてみてください。

また、条件2の「相手のことを考える余裕もある」も大切です。

これは条件1「自分を大事にできている」ができるようになると、自然と生まれてくる余裕のこと。

自分の心の優先順位を上げることと、相手のことを考えることは矛盾しません。自分がどうしたいのか、という思いをきちんとわかった上で、相手の気持ちを考えて、あえて相手を優先することだってあるはずです。

まずは自分を大事にする。
その上で相手のことを考えるのです。

そして、条件3の「人に喜ばれることをいつも考えている」も大切です。

仕事が楽しいモードになるために大事なのは、貢献心です。誰かの役に立ちたい、誰かの役に立っている、誰かに喜んでもらえているという現実が、あなたを幸せにします。この貢献できている実感、人に喜んでもらっている実感こそが、仕事を楽しくするための鍵なのです。

この条件3を満たすには、まずは、自分の仕事で誰が喜んでくれているかを思い返してみましょう。

あなたの仕事で誰が一番喜んでくれたでしょうか。仕事をしていて「ありがとう」「助かるよ」などと言ってもらった経験を思い返してみてください。

感謝してもらったり、喜んでもらったりしたことが思い浮かばないとしたら、自分の仕事が世の中のどういった部分に役に立っているかを書き出してみてください。

そして、これから仕事をしていく上で、何をしたら相手（上司、部下、同僚、お客様）などが喜んでくれるだろうか、と考えながら、仕事をするようにしてください。一度ノートに、相手が喜んでくれるようなアイデアを書き出したり、日ごろからメモしたりして、実行していくといいでしょう。

相手が喜ぶということは、あなたが貢献できているということ。そしてそれが、仕事が楽しい状態に変わるエネルギーになっていきます。

自己肯定感の磨き方

自分の好きな部分を掘り下げよう

私が自分を受け入れられたきっかけは、大手音楽会社が主催するシンガーオーディションで優勝し、得意な歌で認められたことでした。

誰でも、自分の好きなことは自然と努力するものですが、それを人に認められるとより努力するため、力がついて、認めてくれる人がより増えます。すると、どんどん自分を好きになることができます。でも、もちろん、思い通りの結果が得られなくて自信を失い、落ち込んで自分を嫌いになることもあります。

私自身、最初はこの繰り返しでした。繰り返すことによって、自分について深く掘り下げて知ることができ、より大事にできることを実感します。

人は成長する生き物ですから、自分を掘り下げる作業も繰り返し行わないと、成長した分の自分を捉えることはできないのです。

自分を掘り下げる作業を繰り返すことができない人は、自分の表層しか捉えておらず、自分のことを好きな〝フリ〟をしているのかもしれません。

嫌いなところも自信がない部分も まるごと受け入れる

誰にだって、自分の嫌いなところや自信がない部分はあります。

鍵は「自分を掘り下げて、自分を知ること」です。

自己肯定感の高い人は、自分を掘り下げて知ることができている証拠です。

それができていない人ほど、明るい自分でいようとしがちです。

その場合たとえば、次のように自分と向き合い掘り下げます。

なぜ、明るい自分でいようと努めるのか？

それは、ネガティブな自分を受け止められないから。

なぜ、受け止められないのか？

自信がないから。

じゃあ、なぜ自信がないのか？


このように自分自身の思考や心としっかり向き合わないと、自信がない部分を受け止めることはできず、自分を丸ごと受け入れることはできません。

自信がない部分を見ないようにすればするほど、ことあるごとに、「自信がないこと」が浮かび上がってきます。すると、それを打ち消すために、よりいっそう明るい自分でいようと努めようとする、という悪循環に陥ります。

まるで臭いものに蓋をするのと同じで、明るいフリをして作るポジティブな虚像で、ネガティブな実像に蓋をして隠そうとするのです。

そういう状態では心が安定せず、満たされません。

心の安定には、自分について繰り返し深掘りすることが欠かせません。一度好きになれたと思っても、成長とともに、ずっと好きな状態が続くわけではないからです。

自分の嫌いなところも自信がない部分に対しても、人間だから誰だってそういった面があって当然のこと、と思って自分にOKを出してください。

「これが私だから、しょうがない」と、そのまま受け入れればOK。

無理に好きになろうとしたり、自信があるフリをしたりする必要はありません。無理に変えようとすると自分にストレスがかかりますし、そもそも、人はそんな簡単に変われるものではないからです。

自分の嫌いなところも、自信がない部分も受け止めることができてはじめて、自分を好きになる第一歩を踏み出せます。

たとえば、「人のことをすぐ妬んでしまう」、そんな自分が嫌いだとします。妬むことは人間として当たり前のことで、まったく不自然なことではありません。

様々に変わる感情のひとつの状態に過ぎません。実際、1日24時間、妬み続けることは不可能ですよね。

そこで掘り下げて考えてほしいのは、「自分は何を妬んでいるのか」です。

自分の周りの人が活躍していることを妬んでいるとしたら、「あんなに評価されたら羨ましくなって当然だよねぇ」と受け止めます。すると「あれ？　あの人が評価されていることが羨ましいんだ。あの人自体が羨ましいわけではないのかも」ということに気づくかもしれません。

最終的には「じゃあ、私も評価されるように頑張ろう！」というやる気につなげることができるでしょう。

そんなふうに、妬む気持ちを掘り下げるほど自分を客観視できて、妬みが妬みでなくなっていきます。

妬みは自分をより深く知ることができるチャンスなのです。

そもそも妬みというのは、「同じようになりたい」と思う憧れの裏返しで、自分に欠けているところに気づいたときに芽生える感情です。

その欠けている部分に気づけたら、自然と改善しようという気持ちが芽生え、ポジティブな思考に変わります。

嫌いだと思う相手についても、同じように「相手の何が嫌いなのか」と掘り下げて考えると、嫌いという感情を手放せます。

「人の悪口をよく言うから嫌い」「自慢話が多いから嫌い」などと理由がわかったら、「なぜ、悪口を言っているのだろう？　なぜ、自慢話が多いのだろう？」と掘り下げてみてください。なんらかの理由が見えてきて、相手を理解できるようになります。

そうなると、次にその人から悪口や自慢話を聞かされても、嫌いという感情が発動されずに、「はい、はい」と軽く流せるようになったりするのです。

こうした手放したい感情は、抱いたときにすぐ掘り下げて考える必要はありません。そう思ったことを否定せずに受け止めておけば、その感情はいつでも引き出すことができるのです。

ネガティブモードを解除する方法

ネガティブはポジティブの一部に過ぎない

こう言うと、「でもネガティブになるときもあるじゃないですか」と思われるかもしれません。それは、当然です。私だって、ネガティブになってしまうときはもちろんあります。

常にポジティブな状態でいたいと思っていても、ネガティブにしかなれないときがあることも自然なこと。それが人間です。

私は、ネガティブはポジティブの一部に過ぎないと解釈しています。だから、ネガティブな状態になった自分を責めたり、否定したりすることはありません。

「病気になって、はじめて健康でいることのありがたさを知る」というのと同じで、**ネガティブな出来事はポジティブな気づきを与えてくれるもの**です。

仕事でも、雰囲気の悪い職場に転職してはじめて、以前の会社や上司の素晴らしさに気づくこともあるでしょう。

そのことに気づいて、感謝の気持ちが芽生え、人間的な成長につながります。

具体的に以前の上司のどういうところがよかったのかを考えて、自分もそういう人になろうと努めたら、さらに学びが深まります。

そうして、ネガティブな出来事からポジティブな状態を手にすることができると、起きる出来事にいいも悪いもなくなります。すると少しずつ、ネガティブな出来事が起きても動揺しにくくなり、ポジティブに受け止められるようになります。

ネガティブになるには、パターンがある

気持ちが落ち込んだり、凹んだりすることが続いたときも、「今はたまたまネガティブな時期なんだな」と受け止めることです。

すると「いつからこの状態になったんだろう？　何かきっかけはあったかな」などと考え出すものです。

人はたいてい同じパターンで落ち込んだり、凹んだりします。職場の人間関係で悩む人は転職しても同じ問題が起きたりします。

いつものパターンだと気づけば、これをすればいつもの状態に戻れるという回復方法も思い浮かびます。同時に、できるだけ同じパターンに陥らない方法も考えるでしょう。

そうやって、現状の修正点を洗い出しながら改善していくと、同じ失敗を繰り返さないようにするにはどうしたらいいか、ということも考え始めます。

それは、もはやポジティブな状態で、次に進む心の準備が整ったことを意味しています。

ネガティブが自分を成長させる

ネガティブな時期は、放っておくとどんどん気持ちが下がります。

だからそういうときは「学びのチャンス」と捉えて、学びのポイント探しをしてみてください。ネガティブなパワーに飲み込まれずに済むことを実感できると思います。

人生は、スムーズに前進することばかりが最善ではなく、時には立ち止まる時間も必要です。今の自分には学ぶ時間が必要なんだ、と自分に言い聞かせて、起きた出来事の分析をしてみてください。

なんでこういう事態が起きたのか。

もし、あのとき、違う選択をしていたらどうなっていたのか。

思いつくまま紙に書き出すと、学びのポイントがよりクリアになるでしょう。同時に、後悔や自分を責める気持ちが芽生えるかもしれませんが、必ず現状を受け入れる一助になります。

そうしてネガティブな時期を学びの時にすると、落ち込みすぎることがなくなって、気持ちのアップダウンがなくなる分、生きるのが本当に楽になります。

「ネガティブなときは学びの時期であり、悩めば悩むほど成長する」

そう考えることができるかどうかが、成功するかどうかを分けます。
成功者ほど、ネガティブなことをポジティブに変換する能力が高く、失敗を学ぶチャンスだと思っています。だから、失敗を恐れずに次々に行動に移せるのです。

常にポジティブでいなければいけない、なんて思わなくてＯＫです。
そんなふうに無理していたら、ネガティブな出来事が起きたとき、無理がたたって一気に落ち込むだけです。

「ネガティブなときがあってもいい」と思えていれば、気持ちが下がっているときなりの頑張り方ができるのです。

下がっているのに、無理して楽しもう、ポジティブでいなければ、と頑張ることほど、エネルギーの無駄遣いはありません。

時間が経つのを待つほかなく、無理に頑張らない、それが一番いい方法なのです。

ネガティブを変換する5原則

ネガティブは変えられる

人間は、感情や気分に左右される生き物です。ポジティブな感情は事態を好転させる追い風に感じやすく、ネガティブな感情は向かい風に感じます。

そこで、ネガティブなときに見直すといいことを「ネガティブな自分をポジティブに変える5つの原則」としてまとめました。

もし、最近やる気が湧かない、仕事が楽しくないと感じている人も、次のうち、どれかひとつでも試してみてください。きっと、状況が好転するきっかけをつかめるはずです。

ポジティブ・チェンジの原則1　言葉を変える

ネガティブな時期にいるときは、思考もネガティブになります。未来に対してもネガティブな結果しか見えなくなり、行動できなくなってしまいます。

そうなると、言葉も悪くなってしまうものです。

状況が思考と言葉を作るのと同じように、言葉が思考や状況を作り出します。

だからこそ、ネガティブな言葉をポジティブに変えるだけで、思考や状況の受け止め方をポジティブに変えられます。

「引き寄せの法則」と言われるものに似ていますが、言葉を変えることはスピリチュアルな話ではなく、現実として意識が変わるすごい効果があるのです。

もちろん、今は何をやってもうまくいかない、面白くない、と思うときもあるでしょう。そういうときは、**「ポジティブ言葉を最後に使う」**をやってみてください。

悪い状況を受け止めて、「それでもこうなる」と言い換えてみるのです。

「うまくいかないなー。……けど、今日はいい一日になるな。どうしたらいい一日になるかな」

「最近ずっと面白くないなー。……けど、今日は面白いことがあるかも！」


このような具合です。

「今日一日だけ頑張ってみよう」でも、「今日はきっといいことがあるはず」でも、少しだけでもポジティブな要素が含まれていればいいでしょう。

私がネガティブな時期に口癖のように言うのは、

「今日はどんな面白いことがあるかな」

です。そう言っていると、意識が面白いことに向き、新しい発見、本当に面白いことと出合える確率が上がります。

人の前で言う必要はないので、自分ひとりになれる場所やタイミングで、独り言のように言ってみてください。

ポジティブ・チェンジの原則2　姿勢を変える

2つ目の原則は「姿勢を変える」です。

ネガティブになっていると気づいたら、今どんな姿勢になっているかを意識してみましょう。気分が落ち込んでいるときは、たいがい姿勢が丸まって猫背になっています。猫背になると胸が圧迫されて呼吸が浅くなり、体内に取り入れる空気量が減って「氣」の巡りも悪くなってしまいます。

それを変えるには、背筋を伸ばして姿勢を正すだけでＯＫ。

これだけで驚くほどの効果があります。

私の感覚としては、肉体的な巡りが良くなると精神的な巡りも良くなって、ネガティブな感情も排出しやすくなる、と感じます。

また、猫背だと話し声が小さくなって、ボソボソと口元で話しがちになります。逆に、ポジティブなときはお腹の底から声を出しています。

お腹の底から声を出すとき、自然と腹式呼吸になります。腹式呼吸は背筋が伸びてないとできないので、猫背に戻りにくいのもメリットです。

ドン・キホーテ時代に業績が悪かったときも、私は意識的に姿勢を正して、朝はみんなに「おはよう！」とハツラツとした声がけを意識していました。

上層部は数字の悪さを突いてきましたし、部下もわかりやすく落ち込んでいました。ですが、起きる出来事にはいいこともあれば、悪いこともあるのと同じで、業績にも波があるのが当たり前です。

前年の業績が極端に良ければ、翌年に落ちるのは自然な流れです。だから私は業績が悪くても気にせずに、いつも通りに元気にしていました。

すると、落ち込んでいた部下も、そんな気にすることないのかな、というふうに気持ちを切り替えてくれて、仕事に集中してくれました。

それが、いい結果に結びつくのです。

ポジティブ・チェンジの原則3
行動にフォーカスする

3つ目の原則は「行動にフォーカスする」です。

ネガティブなときほど、頭の中がマイナス状態に支配されてしまいます。未来や現在に対して、いいイメージも湧かず、気分が落ち込み、行動が抑制的になってしまいます。

行動できなくなる理由の多くは、頭が制限をかけるからです。

この制限を外し、前向きな行動をするためには、行動だけにフォーカスすること。

これによって、ネガティブな思考のループから抜け出せるようになります。

シンプルに言えば、**自分が「何をするか」だけに意識を向ける**のです。

ネガティブな状態で、何をどれだけ考えてもネガティブになります。そういうときは考えずに、ちょっとでも面白そうなことに対して、行動を始めます。

ドン・キホーテ時代の私は、既存の商品や店舗の売り上げが悪かったとき、次の商品や新店舗の売り上げを良くするにはどうしたらいいか、ということを考えるようにしていました。

ネガティブだろうがなんだろうが、行動したもの勝ちです。

人は何かに集中して取り組んでいるとき、余計なことは考えられません。

たとえば、歌手がライブをしているとき、プライベートがどんなに大変な状況でも、ステージ上のパフォーマンスに集中しています。

これはパフォーマンスのために集中しようとしているのではなく、本気で行動しているとき、余計なことは考えられなくなるからです。

言ってしまえば、**ネガティブは暇だから生まれる**のです。

たとえば、目も回るような本当に忙しい場合、自分のメンタルを気にしている暇などありません。あーだ、こーだと悩んでいる暇などなく、目の前の「やるべきこと」に必死なはずです。

だから、「自分が何をするか」だけにフォーカスするのです。

私もあるときから、どうにもならないことがあった場合は、悩むことに時間を使うのをやめました。時間が解決すると割り切って、その間に次に売り出す商品や開店する店舗について、楽しい展開だけを考え、実行していったのです。

「次の商品は若い女性向けだ、売り場のディスプレイはファンシーでかわいい雰囲気でまとめてみよう」

「今回のPOPの言葉遣いは今どきの感じにするとウケるかもしれない」

そうやって新しいことを考えると、どんどん気持ちがポジティブなほうに引っ張られるので、現状のネガティブに引っ張られずに済みます。

これは何度も実体験したことで、ネガティブな現状が解決されないまま、次の楽しい展開を考えたほうが現状を突破する力になるのです。

ポジティブ・チェンジの原則4 フォーカスを「周りの人」に変える

4つ目の原則は、「フォーカスを周りの人に変える」です。

ネガティブなときほど、フォーカスは自分になります。自分を責めたり、失敗したことばかり考えてしまったりします。事態が深刻で悩みが大きいほど、こんなに悩んでいるのは世界で自分ひとりだけ、という悲劇のヒロインのような気になりがちです。

しかし、そんなことはまずありません。

ただ、一時的にそういう気持ちになるのは自然なことなので、「今、私はすごく落ち込んでいるな」ということを受け止めてください。

周囲を見渡す余裕も、周囲の人のことを考える余力もない、ということも一緒に受け止めます。それが、悩みから抜け出す大事なはじめの一歩です。

たとえば、失恋したり、プレゼンが通らなかったりしたとき、数日間泣いたりわめいたり、やけ酒を飲んだりして、心ゆくまで落ち込むと、その自分を受け止めることができると同時に気持ちを切り替えられたりしますよね。

逆に、悩んで落ち込んでいる気持ちを否定して、無理に明るく振る舞おうとすると、さらに悩みを引きずってしまい、なかなか気持ちを切り替えられません。失敗して落ち込んでボロボロの自分なんて見たくないかもしれませんが、そんな自分にもOKを出してあげる。

そして、自分ではなく「周りの人」に意識を向けましょう。自分を責めたりするのではなく、相手は今何をしてほしいと思っているか、お客様は何を求めているかなどに意識を切り替えるのです。

人生は自分の思い通りになんていかないもので、すべての問題をすっきりと解決できるわけではありません。

だからこそ、自分のどんな感情も受け止めて、できるだけ心が安定した状態に整えておいたほうが、生きやすくなるのです。

ポジティブ・チェンジの原則5　捉え方を変える

5つ目の原則は「捉え方を変える」です。

原則4のフォーカスを「自分」から「周りの人」に変えることができるようになると、物事を客観的に見て、俯瞰する力が養われます。すると、ネガティブなことが起きてネガティブな感情が芽生えても、その主観に引っ張られずに、冷静な判断ができるようになります。

私のクライアントの中には、俯瞰できるようになったおかげで、夫婦喧嘩が減って仲がよくなったという人もいます。

具体的にどうすれば俯瞰する力が身につくのか。そのコツは、物理的に自分を物に置き換えて振り返ることです。

たとえば、夫婦喧嘩をした場合。スマホやコップなどの身近にあるものを自分とパートナーに置き換えて、それをテーブルの上に置いて眺めながら、実際にした喧嘩の内容を振り返ってみます。適当なものが見当たらない場合は、付箋に自分とパートナーの名前を書いてやってもＯＫです。

相手にこう言われたとき、私はこう言い返した。そうしたら相手は急に声を荒らげて、その発言に私はカチンときた、など。そして、そのカチンときたことについて、どうしてカチンときたのかを考えてみます。

また、パートナーに置き換えたものを見ながら、相手の立場にも立ち、その感情をイメージして味わってみます。パートナーが自分に対してどんな感情でどんな意図で言ったかを想像してみましょう。

そうすると、喧嘩の最中に感じた感情も、ものと一緒に並べて見ることができるので冷静になりやすく、同時に、相手の立場に立って考えることもしやすくなります。

相手の立場というのは、性別や年齢、仕事の状況、生まれ育った環境なども含みます。そうしたバックグラウンドも踏まえて考えると、確かにカチンとさせられたけど、相手も悪気があって言ったわけではなかったんだろうな、と溜飲が下がるきっかけをつかめます。

会社でソリが合わない上司や同僚がいる場合も、同じようにものに置き換えて振り返るといいでしょう。

どうしてあの上司は、いつも怒ったような命令口調なんだろう。なぜあの同僚は、自慢話ばかりするのだろう、など。

イライラした時点で、自分のデスクの上でこっそりやることもできますよね。そこで少しでも相手の立場に立って考えることができたら、イライラしているネガティブな感情を手放せることができます。

物事の捉え方を変えることが自在にできるようになると、起きる出来事に「いい」も「悪い」もないことが実感できるようになります。

先にも述べた通り、そのときの自分にとって都合がいい、悪いということはあっても、出来事はただの事実であり、現実です。そして、悪いと感じるときは学びの時ですから、成長するためには必要不可欠な時間なのです。

そのうちに「この世には悪いことなどなく、すべていいことなんじゃないか？」と捉えられるようになるのです。

私自身、悪いことが起きたときは、

「この状況から、神様は私に何を学べと言っているのだろう？」

と考えるようにしています。

悪いときは学びの宝庫。

そして学ぶべきことを学び終えると、再びいいことが起き始めるのです。

怒らないと決めるだけで、人生は楽しくなる

「怒る」という選択肢を消す

人のマインドを狂わすものは何か。

それは「怒り」です。

怒りの前段階には、イライラした感情があります。よく「怒りは第2感情で、前段階には悲しみがある」と言う人もいますが、私は前段階にあるのは「期待」だと思っています。

イライラするのは、自分が誰かに対して期待していることの裏返しです。

「上司が間違ったせいで、自分の仕事が遅れた」

「この部下なら仕事ができるだろうと思ったのに、できていなかった」

「パートナーが家事をやってくれると思ったのに、やってくれていなかった」


など。誰かの行動や、物事の結果に対して、期待をしすぎているのです。

人の行動、結果や現実は自力ではなく、他力で決まります。つまり、部下に指示や指導はできても、その通り行動するかどうかは相手次第。

結果は、自分で決められないし選べないのです。にもかかわらず、結果に期待ばかりして、怒ったり失望したりします。

これはミラクルマインドとはかけ離れたあり方です。


オススメは**怒らないと決める**こと。

「怒らないで、別の行動をする」を常に意識しておくことです。

といっても、一生怒らないというわけではありません。

怒ってはいけないのではなく、**怒るという選択肢を意識的になくしていく**。そうすることで、感情に振り回されることなく、冷静に行動をコントロールできるようになります。そのほうが物事はうまくいくのです。

では、怒らないでどうするか。怒りが湧いてきそうな物事が起きたとき、怒るという選択肢を基本的に取らない、と意識しておくこと。

怒ることでは何も解決しないというのはその通り。

もちろん、怒らないと相手が何度も同じミスや間違いを繰り返すということもあるでしょう。ですから、怒るのではなく、「こう思った」「悲しかった」「残念だった」ということを伝えておくといいでしょう。

部下の失敗とうまくつき合って育てる

私は、部下が失敗しても、基本的に怒りませんでした。

唯一怒ったのは不正を働いたり、誰かを陥れるようなことをしたり、自分勝手なことをしてチームワークを乱したなど、人としてアウトなケースのみでした。

失敗した場合、そのことについて話し合いはしましたが、本人が失敗した理由をちゃんと分析・把握できていれば問題ありません。

失敗した理由がわかっていなかったら考えさせ、考えさせても理由がわからなかったら教えました。そうすれば、同じ失敗は繰り返さなくなります。

失敗したときに怒るのは、上司のエゴです。

数字だけ見ている上司ほど怒るものです。

なぜなら、部下の失敗で数字が下がると、上司の評価も下がると考えているからです。心の中で、「自分のキャリアを傷つけやがって、何をしてくれたんだ」と思っているのかもしれません。

しかし、部下は上司の成績を上げる道具ではありません。上司は部下を育てる立場にあり、部下が失敗したら、同じ失敗を繰り返さないように指導すればいいだけなのです。

人生はタイムラインで考える

人生を丸ごと俯瞰で見よう

私はミュージシャンからドン・キホーテに入ってナンバー3になり、現在は独立して経営コンサルティングや、エグゼクティブコーチをしながら、最近、音楽制作を再開しました。

人によっては、転々としていることがネガティブに映るかもしれませんが、私としては、その時々でより楽しくなることを探して、よりハッピーに過ごすにはどうしたらいいか、という問いかけを重ねた結果に過ぎません。

今は、人生100年といわれる時代です。そんなに長く生きるなら、無為に過ごすより、より楽しくてハッピーなほうがいいはずです。

同じ1時間、同じ1日、同じ1年を、ずっと何かにケチをつけて文句を言って過ごすには、１００年は長すぎます。

これは私の癖のようなものですが、人生を丸ごと俯瞰することが身についています。先は見えないストーリーですが、振り返ってみれば、生まれてから今現在までの出来事をタイムラインとして見ることができます。幼少期、中高、大学、新社会人、中堅、今……とある一定期間ごとに区切り、それぞれにテーマをつけてみてください。

たとえば、

「中高では運動部で体を鍛えながら、勝負に挑む楽しさを学べた」

「大学では、地方出身の友達との交流をはじめ海外にも行って、見聞を広められた」

「会社員になってからは、上司に怒られてばかりで辛かった」

……など。そうやって過去を見ることで、今という時期もその延長線上にあることに気づけるようになります。

実際、視点が変わりいいことに目がいくようになることで、状況が好転し始めます。

辛い時期は気持ちの余裕がなくなるため、視野が狭まりがちです。だからこそ、日ごろから人生の出来事をタイムラインで見て、俯瞰するように心がけてみてください。そうすることで、新しい選択肢が見えるようになります。

「会社に入る」ではなく、「自分の人生」に会社を入れる

よく人から、「アルバイトから正社員になって、次々に大きな仕事を任されていったとき、プレッシャーは感じませんでしたか？」と聞かれます。

正直、まったくありませんでした。

業績を上げなくちゃいけない、もし上がらなかったらどうやって責任を取ればいいのだろうか、といった考えもまったくありませんでした。

なぜなら、ここでダメでもほかがあると思っていたからです(笑)。

就職すると、会社の方針や規則に従って働くため、望むと望まざるとにかかわらず、会社の色に染まっていきます。

しかし、言うまでもなく、会社はほかにもたくさんあります。そこの社員として働

くことしか、働く選択肢がないわけではない。

にもかかわらず、自分がいい状態になる方向よりも、会社に言われた通り働こうとしてしまいます。でもそれでは本末転倒。

誰のために働いているのか？

究極、それは自分のためのはずです。自分が辛い思いをして、嫌だ、楽しくないと思いながら、働く必要はありません。

自分がワクワクする、楽しいと思える働き方が、一番パフォーマンスを高めます。


大事なのは視野を広げることです。

会社や仕事を選ぶときに、「この会社に入る」「この仕事をする」と考えるのではなく、「自分の人生にこの会社を入れる」と考えてみてください。

私は常にそのように考えていました。

ドン・キホーテという会社に入るのではなく、自分の人生のタイムラインの中に「この会社を入れよう」と考えるものです。

そうやって視野を広げて、自分の人生の一部として会社を捉えることできれば、プ

あの会社を
タイムラインに入れたら
面白いかな？
次はどこに
行こうかな？
会社
A
会社
B
会社
C
海外へ
行く
過去
未来
タイムライン

レッシャーや嫌な仕事など考えなくなります。

ダメだったら、自分の人生のタイムラインから外せばいいのです。

「口でそう言うことは簡単だけど、実際にそう考えるのは難しい」と思う人もいるでしょう。でもそういう人は、心の中でやっぱり「この会社しかない」と思っているのかもしれません。


そもそも、仕事で求められる能力は、個人が持っている能力のほんの一部分に過ぎません。求められるものと自分が持っているものが一致すれば、働きやすさと評価を手にしやすい。ただそれだけのこと。

一致しなければ、異動や転職をして、ほかに活かせる場所を探せばいいわけです。もし無理に合わせて、自分を押し殺してしまったら、自分らしさがなくなって、心が閉ざされてしまいます。

心が閉じた状態で自由な発想はしづらく、不自由感に襲われ、なんとかしなくちゃ、と焦るほど空回りして疲弊し、冷静な思考ができなくなります。

それは、会社や上司との相性が悪いというだけであって、能力が低いわけではないことがほとんどです。にもかかわらず「自分の能力は所詮こんなものなんだな」と感じるのは、意味がありません。

自分を押し殺して働くと、こうした負のループにハマりやすく、その結果、諦めの境地でなんとか「こなす」だけのサラリーマンになってしまうのです。

だからすぐ会社を辞めよう、という話ではありません。今の会社でできないことは、ほかの会社にいってもできないことだってあるでしょう。

合わないから辞めるのではなく、まずは自分の得意・不得意、好きなこと・嫌いなことを知ることです。

自分を知った上で、人生のタイムラインにどういった仕事、会社を入れていくか考えていく。そうすれば、能力を最大限に発揮できる状態になれるのです。

プロデューサー思考

私は人生の「主人公兼プロデューサー」である

自分の人生を、ひとつの長い物語として考えてみてください。

今までの人生を振り返ってみて、いいこともあれば悪いこともあって、自分の努力が実を結んだことや棚ぼた的な幸運に恵まれたこともあれば、逆に、不可抗力的な出来事もあったことでしょう。

不可抗力的な出来事を思い出すとため息がこぼれるかもしれませんが、その経験は、人生にはどうしようもできないこともある、という学びになったはずです。実際、次に同じような目に遭っても、最初と同じようには落ち込まずに済むことでしょう。過去に起きたことは未来にも繰り返されるものですから、いちいち一喜一憂しなくなれるのです。

そんな人生という物語の中で、自分は主人公であると同時に、実はプロデューサーでもあります。この物語は今後どんなふうに展開させて、主人公にはどう演じさせたら、より面白くなるだろうか、ということを考える役割も担っています。

このプロデューサーの目線が、現状をより面白くするにはどうしたらいいのだろうか、という発想につながります。

まずは、今やっている仕事についてどう思っているか、自問してみましょう。今の仕事が好き、と思えるならＯＫですが、心からそう思えなくて、仕事だから面白くなくて当たり前、好きなことを仕事にするなんて非現実的、などと思ったら、人生を考え直すチャンスです。

何事も「当たり前」と思うことほど怖いことはありません。自分が当たり前にしていることは、世の当たり前ではないからです。厳しい言い方をすると、当たり前にすることで、現状を変える努力をしない自分を見過ごそうとしているのです。

そんな弱い自分に的確なアドバイスをするのが、プロデューサーの自分です。

プロデューサー目線を持てるようになると、調子がいいときも客観性や冷静さを保てるので、天狗にならずに済みます。

調子がいいときは、純粋に調子がいいことを楽しめばいいのですが、周囲に「ヨイショ」をする人たちが集まってくるので、天狗になりがちです。すると周囲が見えなくなって、「今のいい状態は全部自分のおかげだ」と勘違いして、自分の利益ばかり考えるようになってしまいます。

そんなふうに利己的になると、必ず足元をすくわれます。

だから調子がいいときは、周囲のみんなと一緒に楽しむように心がけましょう。

そもそも、自分ひとりのおかげではなく、みんなのおかげもあって調子が良くなれたわけですから。

人生の「楽しい」は振り子の法則でできている

生きていると、ポジティブなこととネガティブなことが、ほぼ同じように起きてい

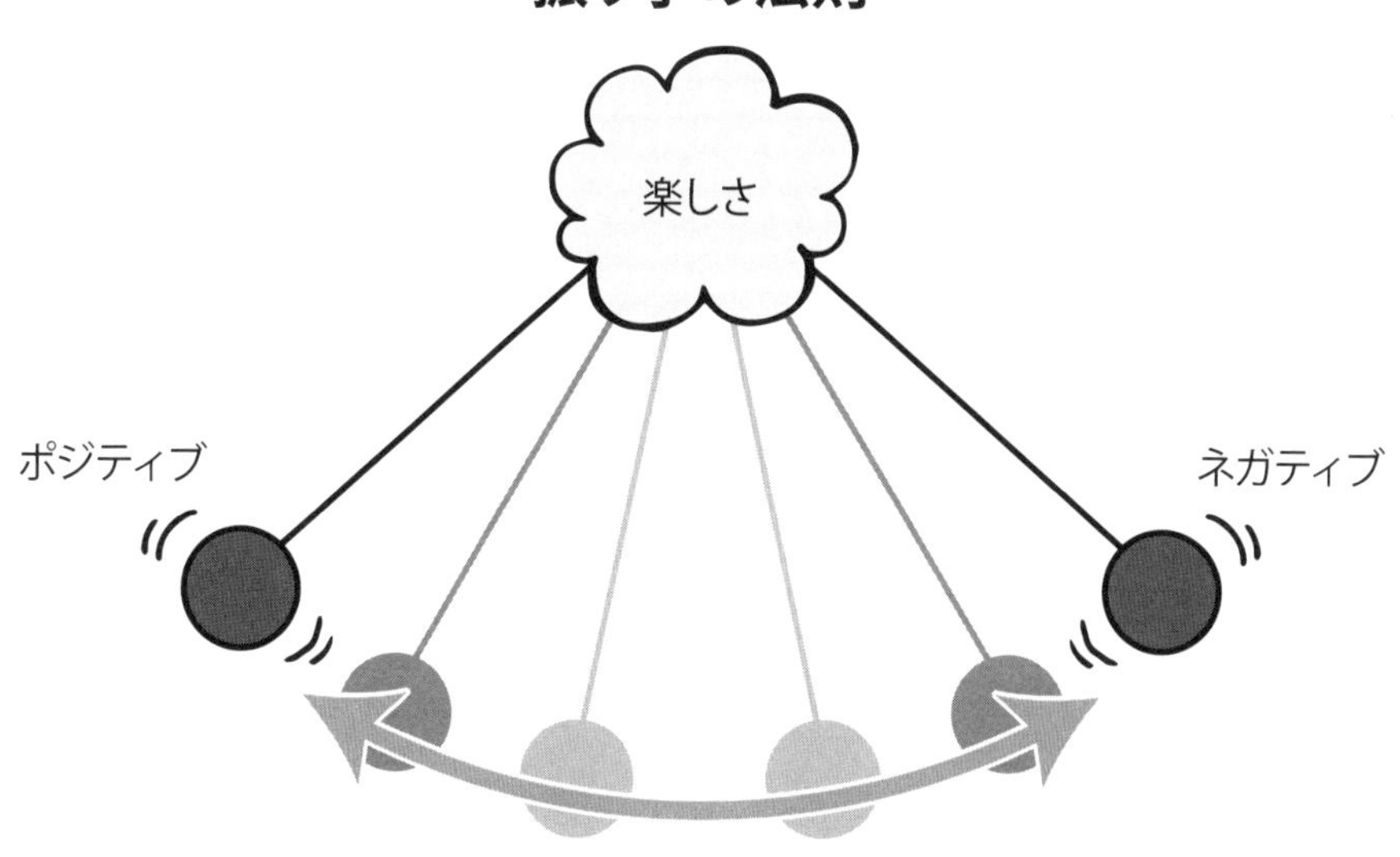

ると言います。ちょうど振り子の法則のように、喜びと悲しみを行ったり来たりします。

「楽しい」とは、振り子の支点にあたるものです。「楽しい」の軸として捉えると、ポジティブもネガティブも同じような振り幅で揺れているのがわかります。

私は、人生を生きやすくする捉え方として、振り子がポジティブ側に振れていても、ネガティブ側に振れていても、基本的にその感情に振り回されないように俯瞰して見ています。振り子の支点を自分の軸とも捉えているので、感情に振り回されないことで心が安定し、ポジティブもネガティブも関係なく、受け止められ、自分の軸で感じる＝「楽しい」という流れになっていくのです。

人生の「楽しい」とは、ポジティブな出来事とネガティブな出来事の、その振れ幅の数と質によって生まれた**「経験のアミューズメント」**とも言えます。

そして、「経験のアミューズメント」は積み重ねれば積み重ねるほど、幼少時代の「楽しい」とも違った、深い「楽しい」を生み出し続け、人生をオンリーワンのエンターテインメント化にしていくことができるのです。

第4章

最高の信頼関係を作る雑談の習慣

雑談の習慣が自分と周りを変えていく

人間関係が楽しくなれば、ほとんどの問題は解決する

仕事で成果を出したいなら、本気で仕事を楽しむこと。

ここまで自分のマインドやメンタルの話をしてきましたが、同時にやるべき習慣がありま す。それが、人と話をする習慣。一般的に、雑談と呼ばれるものです。

第1章でも述べた通り、**「雑談なき職場に成長なし」**です。

あなたが仕事で成果を出したいなら、人に動いてもらう必要があります。自分が何かをしたいと思ったときに、周りを巻き込み動かすこと。

その方法が「雑談」なのです。

雑談というと、時間の合間や打ち合わせの冒頭で行うようなイメージを持つかもしれません。人によっては、なんとなく話さないと気まずいから行う意味のない会話と考える人もいるかもしれません。

しかし、雑談にはすごい力があるのです。

仕事が楽しいマインドになるということは、実は個人で完結するものではありません。なぜなら、人は社会的な生き物だからです。

アメリカの心理学者アブラハム・マズローの唱えた「欲求の5段階説」でも説かれている通り、**社会的欲求である帰属欲求**（**集団欲求**）、**社会から認められ尊敬されたいという承認欲求**を人は持っています。

実際、転職などの離職理由として多いのが、「人間関係の悩み」です。

仕事はひとりで行うものではありません。

だからどれだけ仕事が楽しくても、ある程度人間関係がうまくいかないと、その仕事は楽しいものではなくなってしまうのです。

ビジネスとはヒト、モノ、カネを動かすことです。仲間だったり、社員だったり、上司はもちろん、お客様も動かしていく、動いてもらう必要があります。部下の立場であっても、上司の立場であっても、会社員でもフリーランスでもそれは同じです。

自分に圧倒的スキルがあったとしても、大事なのは「あなたのために頑張るよ」「あなたがそう言うならやるよ」という人がいなければ、仕事も人も集まりません。

つまり、いい人間関係を構築しなければ、仕事で成果を出すことも、好きな仕事を続けることも難しくなります。

こういった問題を解決する方法が「雑談」なのです。

ちょっとした雑談が、人を動かす

第1章で「成長する人は、他人に興味を持てる人だ」と書きました。

雑談を習慣にすることで、信頼関係はもちろん、人に対する興味関心が生まれます。

雑談は**「自己開示」の機会**を生むからです。

雑談をしていると、

・最近プライベートで何にハマっているか
・仕事の課題や今取り組んでいること
・前職の話
・仕事やプライベートの悩み

など、もちろん愚痴を含め、お互いに話すことになります。

こういった心理学における自己開示の機会が生まれます。自己開示は信頼関係を作る上でもっとも大事な要素になります。

プライベートな話や、心の内側の話を聞くと、親近感を感じたり、親密な関係が生まれたりします。

苦手な人と思っていた人でも、雑談をしていくと、仲良くなったり、相手を信頼できたりします。それだけでなく、何か新しいプロジェクトにチャレンジしようとしたとき、自分の仕事外でも手伝おうという気になったりしますよね。

この関係性は、雑談からしか生まれないのです。もちろん、気が合う・合わないはあるでしょうが、雑談は上司だろうと部下だろうと、誰にでも使えるツールです。

こういうと「雑談って苦手なんです」という人もいると思います。

しかし、**雑談はうまい・下手、面白い話ができる・できないではなく、人と雑談をしていることそのものに価値があるのです。**

私自身、雑談はかなり意識してきました。

ドン・キホーテ時代、私の部下で新入社員のときからかかわった人財には、幹部として活躍している人が何人もいますが、彼らとは本当によく雑談していました。

雑談している合間に時々仕事のお願いを挟み込む、といった具合でした。

なぜそうしていたのか?

それは、私は仕事ぶりや業績よりも先に、その人本人を見たかったからです。

たとえば、部下に任せた店舗の売り上げが伸び悩んでいたら、私はまず部下と一緒にランチに行って、「体調はどう? 休日にはちゃんと休めている?」などと雑談混じりに聞きました。間違っても、いきなり売り上げや業績の話はしません。

思うに、世の多くの上司は、これと逆のことをしているように感じます。

つまり、その人本人よりも先に、仕事ぶりや業績・結果を見てしまう。もちろん、これがいけないことではありません。仕事なので、仕事ぶりや業績を無視できないのは当然です。

しかし、人を見ずに仕事ぶりだけを見るというのは、仕事さえちゃんとやってくればいい、という見方です。もっと言えば、この仕事をできるのはお前以外にもたくさんいる、代わりはいくらでもいるんだぞ、というように感じられてしまいます。

それでは、部下のやる気は引き出せませんし、もし私が部下なら、そんな上司についていこうとは思いません。

私は、代わりがいない人財の育て方をするように努めていました。

同じ業務をするにしても、その人にしかできないやり方があるものです。それを引き出すには、部下の個性を引き出すことが不可欠で、その引き出し方として雑談をしていたのです。

その人にしかできない働き方ができるようになれば、自ずとやりがいも働く楽しさも増えます。それが結果につながることは、言うまでもありません。

そういう部下をできるだけ多く育てることが上司の役割で、生産性アップと一緒に業績アップを図る、もっとも確実な方法なのです。

ドン・キホーテ時代に実践していた雑談のコツ

挨拶をしない人は、人生で大損をする

ポイントは仲の良い人とだけ雑談するのではなく、これまで話したことがない人にも話しかけてみることです。上司も部下も関係ありません。

礼儀は必要ですが、この人とは雑談しないというのは、そのほうが非礼です。

「とはいえ、上司となんて雑談できないですよ」という人もいると思います。

そういう人は雑談をしようとするのではなく、「挨拶」することを意識してみてください。

すべての雑談は挨拶から始まります。

「おはようございます」「お疲れさま」「元気？」……など、言葉にすると当たり前ですが、人と人との距離を縮める最高のツールです。

実際、私はドン・キホーテ時代、社内ですれ違う人全員に挨拶をしていました。上司や部下はもちろん、来訪者、掃除のおばさんも駐車場のおじさんなど例外なく、「おはようございます！」「お疲れさまです！」ともれなく全員に声をかけていました。

挨拶は、世界中のどこでももっとも重要なコミュニケーションです。

挨拶をしなくて怒られることはあっても、挨拶して怒られることはありません。

雑談もこの挨拶から始まります。

はじめて行った訪問先でも、すれ違う社員の人に笑顔で挨拶をしてもらえると、その会社自体の印象がよくなります。それと同じことを、自分の会社でもするということです。

たかが挨拶、されど挨拶。挨拶をしたほうが、相手には「挨拶をしてもらった」という印象が残ります。それは一度で記憶に残るような強い印象ではありませんが、毎回、積み重ねることで刷り込まれていきます。

すれ違うときに、「おはようございます！」「お疲れさまです！」と言う部下と、何も言わずに頭だけ下げて通り過ぎるだけの部下。

たかが挨拶と思うかもしれませんが、受け手の印象は全然違います。

たとえば、挨拶をしてもちゃんと返してくれない人、相手のほうを見ずに言葉だけでする人の場合、次からその人に挨拶しようとしないかもしれません。挨拶だけなら問題ないと思うかもしれませんが、新規の仕事の話や、人を紹介する話、プライベートでのお誘いもすべてなくなってしまうかもしれません。

挨拶というのは、仕事の基本だからこそ、できないと致命的です。

挨拶もしない人は、いい仕事や取引先や他業種の優秀な人を紹介されません。


余談ですが、挨拶とは、敵ではないことの証明だと言われます。

たとえば、欧米圏では、知らない人にも挨拶をします。エレベーターで一緒になっただけでも挨拶したり話したりする。これは挨拶が「あなたの敵ではないですよ」というアピールだと言われています。

だから、知らない人に挨拶をしない人は欧米では驚かれるそうです。


挨拶をすることは、あなたの敵ではなく味方ですよ、と伝えることです。

だから、ちゃんと挨拶をしている人は、その相手と話すきっかけが生まれます。もしかしたら、自分の仕事を助けてくれるかもしれないし、トラブルになったときにも味方になってくれるかもしれない。ビジネスや投資の話、いい仕事のチャンスの話もくれるかもしれない。

挨拶を「する・しない」で、人生で得られる情報の総量はまるで変わってしまう可能性があるのです。まずは、話しかけること、そして相手の状況を聞いてみること。**話しかける、挨拶をする。これだけで人生のチャンスは驚くほど広がります。**

挨拶から入って、ちょっと雑談する。それだけでいいのです。

これはドン・キホーテ時代の部下に言われたことですが、まだ私の部下ではなかったとき、「すれ違いざまに私に挨拶してもらったのがすごく嬉しかった」そうです。直属の部下でもないのに、自ら挨拶をしてくれる上司がいるんだ、と感動したとか。そして、「いつか自分も上司になったら同じことをしようと思った」と。

私はまったく意識してやっていなかったことでしたが、挨拶にはそういう影響力もあるのだな、と思いました。

意識するべき2つのトリガー

雑談の目的は友達のように仲良くなることではなく、「働きやすさ」を手に入れることです。では、それはどうすれば手に入るのか？

次の2つのことを押さえておきましょう。

・何を言ったり、やったりしたら怒るのか
・何を言ったり、やったりしたら喜ぶのか

この2つがトリガーポイントです。

この2つを押さえておけば、職場の人間関係でつまずくことはほとんどなくなります。実際にドン・キホーテ時代の私は、上司と部下の両方に対して、この2つの把握に努めました。そうすることで、怒りっぽい上司のターゲットにされることも、部下の指導に行き詰まることも避けられました。

よく怒られる人や、人間関係でよくトラブルに巻き込まれる人は、何も考えずにひとつ目のトリガーをガンガン引いているのに「なんで怒るかわからない」と言っています。考えたらわかるのにわからない。結局、相手の感情や心理に意識が向かないのです。そして自分は悪くないという自己弁護しかしないのです。

雑談が苦手な人の9割は考え過ぎ

雑談が苦手な人はどうすればいい？

自分から声をかけられないという人もいます。雑談が苦手な原因は、基本3つのパターンです。

・考え過ぎている
・話すことに心理的ハードルを感じている
・声を出す機会が少なく、喉が開いていない雑談に苦手意識がある人ほど、「何を話そう」と考え過ぎています。

雑談は考えすぎず、直感的に相手の話したそうなことを聞いてみる、自分が興味あることを深掘りしてみればいいのです。


でも、それでも雑談が苦手という方にオススメの方法があります。

コンビニなどで、商品を買ってお釣りをもらうときなどに一言お礼を言う練習です。

「どうも」とか「ありがとう」など、とにかく何か一言、声を発するようにしましょう。

雑談が苦手な人は、考え過ぎということ以前に、そもそも声を出すことの機会が少ないということもあるのです。

実際、話しかけるということ自体に苦手意識を持っていることが少なくありません。

まずはちゃんと言葉を発することがおかしくないシチュエーションで、声を出してみることから始めてみてください。

そうすると、誰かに声をかける、ちゃんとお礼を言う、気兼ねなく話をするということに対して、心理的な抵抗がなくなっていきます。

そこから仲良くなれば、さらに雑談をする機会が生まれてきます。

コンビニだけでなく、家電や洋服のショップなどでもいいでしょう。買いに行って何を買うか迷ったら、思い切って店員さんに声をかけて、最近の売れ筋やオススメを聞いてみるのもいいでしょう。

店員さんは商品を売るのが仕事。お客さんから話しかけられて嫌がる人は基本的にいません。また、店員さんは自分の上司でもクライアントでもなく、利害関係がない相手ですから、たどたどしくなってしまったとしても、まったく問題ありません。練習し放題です。

「どうも」や「すみません」の一言でも、自分から声を出すことで、能動性が芽生えます。それが快活に挨拶できる力になって、そのうち会社でも「最近どうですか？」という雑談を始めるきっかけにつながります。


そうやって声を出すことに慣れること。

それだけで、話すこと、コミュニケーションに対する抵抗が消え、自信が芽生えていきます。

コミュニケーションこそが最強のエンタメである

自己肯定感が高い人ほど、コミュニケーション上手な理由

第1章でも述べた通り、社員同士がよく話し、笑顔でいる職場というのは、生産性が高いです。

コミュニケーションとは最強のエンターテイメントなのです。雰囲気の暗い職場で働きやすさなんて生まれません。自由にコミュニケーションができる職場環境、心理的安全性が確保され、上も下も発言のしやすい環境が、成果を生むのです。

このコミュニケーションをエンターテイメントとして捉える考え方は、第3章で紹

介したミラクルマインドに通じています。

ミラクルマインドは、まずは自分を大事にできて好きになれると、他人のことを考える余裕が生まれて、さらに貢献して喜んでもらいたい、と思うようになる心持ちのことです。その他人に貢献して喜んでもらいたい、という思いが、エンターテイメントそのものです。ミラクルマインドの持ち主は、コミュニケーションをエンターテイメントとして楽しめる、という言い方もできるでしょう。

もし、自分を受け入れられなかったり、自分のことをダメだと思っていたりしたら、相手を考える余裕も生まれず、誰かを喜ばせようという考えはなかなか浮かばないものです。自己肯定感が高い状態でないと、相手のことまで楽しませようなんて思えないでしょう。


自己肯定感が高いというのは、あるがままの自分を確固たる存在として信じられている状態です。自分の長所だけではなく、短所も認められていますから、他人の長所も短所も、両方認めることができます。

そういう人を嫌う人はいないので、誰とでも自然と会話が弾みます。

逆に、自己肯定感が低い人は、他人も信じられなくなり、人のミスや悪意、短所ばかりに目がいきがちです。だから会話も弾みにくくなり、実はその目は自分自身にも向けています。

他人の粗探しをすることで、自分の優位性を確認しようとしているだけなのです。深層心理では自分の短所に意識が向いているので、その苦しさを誤魔化すために他人の短所を見つけるのです。

そんな状態では、自分の長所に目を向ける余裕は生まれず、自己肯定感は低くなります。

こういう人は、仕事に対しても肯定的に取り組めず、仕事の内容や上司、会社の悪口を言いながらやる傾向があります。どこまでいっても、やらされ仕事のままで、どうやったら楽しくなるか、ということは考えようとしません。

自己肯定感が高い人なら、どうにもこうにも楽しくならない仕事でも、前向きに捉え早く片づける工夫をするものですが、自己肯定感が低い人はそういう工夫を怠ってしまいます。

自分を肯定できているか否かで、こんなに大きな差が生まれるのです。

やらされ仕事をし続けてしまう人の中にはとても真面目で、仕事に楽しさを求めず、仕事は会社や上司のやり方に従ってやるものだ、と考えるタイプもいます。割り切ってできているつもりでも、徐々に無理がたたって窮屈になり、やる気が失せて、やらされ仕事の仕方しかできなくなる、というパターンです。

それを続けるうちに、アイデアマンだった人も、アイデアが出なくなってしまいます。ワクワクの「ワ」の字もなくなって、だんだん疲れ果ててしまうのです。

働く楽しさは、自分から見つけようとしないと見つかりません。

ワクワクすることを待っているだけでは、遠ざかる一方です。楽しさもワクワクも〝自家発電〟する姿勢がなければ、手にできないのです。

信頼関係を作る雑談のコツ

1分の立ち話でもすごい結果を生み出す

雑談に対して苦手意識を持っている人の中には、雑談力を身につけるには常に面白いネタを仕込まなければいけない、と勘違いしている人が多くいます。

そもそも雑談は、自分の話をするものではありません。

相手の話を聞き出すためにするものです。相手の話を聞くことは信頼関係を作ることであり、自分も相手も楽しい状態を作り出す行為でもあります。

「人は話を聞くよりも、話すほうが好き」とよく言われますが、本当にそうなのです。人は自分の話をしたいと無意識に思っています。

「何それ、どういうこと？」「え、もっと詳しく聞かせて」「具体的にはどうしたいの？」と、聞くことで、相手からすれば話すきっかけを与えられ、話しているうちに楽しい状態になります。自分自身も面白がって話を聞くことで、相手の情報や新しい知識が手に入ったり、ワクワク感度が高まったり、信頼関係が生まれたりといいことしかありません。

自分が雑談を始めることで、相手が気分良く話せる状況を作ります。つまり、自分が楽しい話を提供するのではなく、相手に楽しく話せたという印象を持ってもらうのです。

そのとき、メリットがどうとか、何を聞き出すといったことは二の次。基本的にそこは考えなくていい。雑談は雑談すること自体に意味があるのです。

もちろん、部下の様子や言えない悩みを聞き出すときは、意図のある質問をしますが、普段はなくていいのです。

ただ、しっかりと相手の話を聞き、楽しい時間を共有する。

コミュニケーションとは、本来楽しいものなのです。話し、聞き、誰かと一緒に時間を共有している、その事実が、いい人間関係と心理的安全性を作り出します。

雑談は短くていい

また、雑談するなら盛り上がって話し込むほうがいい、というのも多くの人がしがちな勘違いです。雑談は長く話そうとしないことも大事なポイントです。

相手の話を聞き出すとはいえ、相手の時間を拝借することに違いありません。基本的に立ち話ですから、手短に1分間くらいでOKです。

よく知っている相手なら、挨拶のあとに相手の好きなスポーツの話をするのが定番で、次のような会話ができたら御の字でしょう。

「昨日の野球の試合は勝てて良かったですね！」
「実は球場に観戦に行っていたんだよ」
「それならなおのこと、勝てて良かったですね～」
「ホント、応援したかいがあったよ。途中で逆転されてどうなることかとハラハラしたけど、○○選手がいいところでホームランを打ってくれたおかげだな。いや～、今思い出してもすごい試合だった」
「よければ今度、ご一緒させてください！」
「わかった、次は声かけるよ。じゃっ！」

こうして、頭を下げて仕事に戻る、と。相手がゴルフ好きなら「最近コースに出ていますか？」と質問して、出ていたらスコアやコースの場所、コースのコンディションなどを聞く感じです。

コースに出ていなかったら、その理由を聞き出すべく、体調の良し悪しや家族サービスに追われていたのかなどを質問してみましょう。

あまり話したことがない相手やはじめて雑談する相手の場合は、無難に天気の話や昼食でよく行くお店など、お互いの距離感を保ちつつ、知っている範囲内で話せばOKです。

相談事があるときは、立ち話で済まそうとするのはNGです。前もって面談する時間をもらって、一対一で話すようにしましょう。

そのとき、呼び出されるほうは何の話をされるのだろうと緊張しているので、雑談から始めて、少しでもリラックスさせたほうがベターです。

特に相手が部下の場合は、いきなり仕事の話をするのはご法度です。

ただでさえ上司に呼び出されて緊張している相手に、はじめから仕事の話を突きつければ、さらに緊張させるだけです。心を開いて話してもらえず、部下はこの上司には本音で話せない、と意識づけてしまいます。すると、「2人きりになりたくない」と思われかねません。

逆に、最初に「最近調子はどう?」などと近況について聞けば、相手は「どうせあの件で怒られるんだろうな」と思っていても、話を聞いてもらう余地はあると感じて心を開きやすくなります。

相手の緊張がなかなかほぐれないときは、自分の笑える自虐ネタなどをするのも一案です。あくまでもそれは相手をリラックスさせて、話を聞き出すためにしていることなので、くれぐれも自分の話をし続けないように注意しましょう。

話を聞かせてほしいという姿勢が重要です。

雑談はリアクションが9割

「プラス1」リアクションで、相手は勝手に話し出す

雑談は「聞く」ことが何より大切。つまり、聞き手のリアクションで盛り上がるかどうかのほとんどが決まります。

シャイな人や雑談に自信のない人は、リアクションが小さくなりがちです。自分ではちゃんとしているつもりでも、相手には伝わらないケースが多くあります。

そこでオススメの方法が、**いつもの声の大きさやテンションより1段階上げる「プラス1」リアクション**です。

これはコーチングスキルのひとつであり、人に好印象を与えることができます。

自分のプラス1の状態がよくわからない人は、次のことを試してみてください。

人に「こんにちは」と挨拶をするとします。まずは普段（プラマイゼロ）のテンションで、「こんにちは」と声に出してみてください。

次に落ち込んでいたり、疲れていたりしているときの、マイナス1のテンションで「こんにちは」を。そして再度普段の「こんにちは」をしてから、さらに1段階上げたプラス1の「こんにちは」をしてください。


普段のテンションからプラス1をするよりも、一度マイナス1をしたほうが、より的確にニュアンスの違いを捉えることができると思います。

また、マイナス1を把握しておくメリットもあります。

相手が疲れているときは、マイナス1を基準にしたプラス1の対応、すなわち、プラマイゼロの対応をすべきで、自分のマイナス1を把握しておくと、それがスムーズにできるわけです。

相手のテンションがマイナス1なのに、自分がプラス1を基準にしたら、プラス2

になってしまいます。相手にしたら、ちょっとうるさい、うっとうしい、と思われかねません。

相手と同じ、マイナス1まで下げる必要はありません。

テンションは、相手よりもちょっと上がいいのです。

なぜなら、人は自分よりちょっと上のものに引っ張られる性質があるからです。

誰でも一度は、あの人と話していたらなんだか明るい気持ちになった、という経験があるでしょう。そういう人は人と接するとき、プラス1になっています。だから、明るい気分になれたり、元気をもらえたりするのです。

相手に話しかけるのが苦手、相手の顔を見て話すことが苦手、という人にとっては、感覚的に普段の10倍やそれ以上の時間に感じるかもしれません。でも、それは最初のうちだけで、徐々に慣れるので安心してください。

「相手に合わせるためにすること」というより、自分がより楽しむためにすることと捉えると、より楽な気持ちで行えます。

相槌の技術

相手がより楽しく話をできるように、リアクションもいくつかのバリエーションを使い分けることを意識してみましょう。

「うん、うん」と首を縦に振って相槌を打ったり、手を叩いたり。時々は「それ、本当!?」「さすがですね！」などと目を丸くして驚きを示すのも効果的。「相手はちゃんと自分の話を聞いてくれている」と思うから、より楽しく話ができます。

私は「面白い、面白い！」「すごく興味があります！」「もっと詳しく教えてくださ い」とよく言っています。

「素晴らしいですね」「知りませんでした。教えてくれて、ありがとうございます」「勉強になります」というのも、相手の話が弾むリアクションです。

くれぐれも、無言で頷くだけや、口先だけで「ふーん」「へー」といった薄いリアクションにならないように注意しましょう。

雑談のコツ

ポイント

・声のトーンをいつもより +1 してみる
・相槌と質問で話を深堀りする

コツ
人・話に興味を持って面白がる！

相手の話題に興味が湧かないときはどうすればいい？

相手の話題が、自分にとっても興味のあることだったら、本心から「教えてください！」と言えて、相手も気分よく、どんどん話してくれるに違いありません。

逆に、相手の話題に興味が湧かない場合はどうしたらいいでしょう。

そういうときは、**相手の話題そのものではなく、相手の関心に関心を持つこと**です。

話の内容そのものではなく、その話題のどういうところが楽しいと感じているんだろう？　その話題にたどり着いた経緯はなんだろう？　どういうリアクションをしたら相手が乗って話してくれるだろう？　と相手の関心に関心を持つのです。

たとえば、いつもは「そうなんですね」というリアクションを多用するけど、「知りませんでした！」「勉強不足なので教えてください」などと言うと相手はどう反応するんだろうと観察してみるのもひとつです。

自分のリアクションを開拓するつもりで聞けば、試す楽しみが生まれます。

そういったゲーム感覚でいいのです。相手が楽しく話せる状況になれば、手段はなんでもかまいません。その楽しさは、また会いたい人という印象につながります。

もっとゲーム感覚になって、今はインタビュアーやトーク番組の司会者の役を演じているんだ、という密かな設定にして聞くのもいいでしょう。


ドン・キホーテ時代のお客さんで、初対面の人に2時間ゴルフの話をされたことがありました。

私はゴルフのことはまったくと言っていいほど詳しくありませんが、「興味あります！」「教えてください！」という姿勢を示したら、2時間以上話し続けられました（笑）。心の中では「もうそろそろ終わるかな……」と思ったりしましたが、聞き役に徹することができたのは、ゴルフのどんなところが好きなんだろうと、相手の関心に関心を持っていたからでした。

インタビュアーやトーク番組の司会者も、相手の関心に関心を持って質問しているシーンがよくあります。そんなふうに意識するだけで、コミュニケーション能力が上がっていきます。

プライベートトークの雑談のコツ

プライベートトークは関係を深めるチャンス

営業先でも上司でも、相手がプライベートの話をしてくれることがあります。

そのタイミングを逃さないようにしましょう。

プライベートトークは、関係を深めるチャンスだからです。

結果につなげるための雑談だから仕事に関する話だけにすべき、とは限りません。

そもそも雑談は、仕事以外のことが多くなります。

関係性を深めたい相手なら、自分から「休みの日は何をしているんですか？」「ご家族は？」などと聞いてもいいでしょう。

もしくは、相手のプライベートな話を引き出すために、まずは自分のプライベートな話をするのも手です。相手が食いついて、自分のプライベートの話をし始めたら、聞き役に回ればＯＫです。

もし、相手が話したくなさそうだったら、素早く話題を変えましょう。誰にでも、踏み込まれたくないプライベートを話したくない人は徹底して話したがりません。

プライベートを話したくない人は徹底して話したがりません。仕事関係者には仕事の話以外しない主義なので、というスタイルを貫く人もいます。

そういう人の場合、いったん話題を変えて相手の出方を見たほうが無難です。

相手が話したくない話題のときは、口ごもる、間が開いてすぐに答えが返ってこない、目を伏せたりして表情が曇るなど、リアクションを見ていればわかるはずです。

それを見逃さないためにも、相手の顔を見て話すことが欠かせません。

相手の顔を見て話すとは、「ジッと目を合わし続けて話す」ことではありません。視線が泳ぐのはいい印象を与えませんが、時々視線を外すことも大切です。

相手の表情の変化から、感情の変化を読み取ればいいのです。

するとと相手は、この人は嫌なことは聞いてこないデリカシーがある人、人を不愉快にさせない人、という好印象を持つものです。

　逆に、そうした見極めができない人は、デリカシーがなくて、話したくないことをズケズケと聞いてくる人、といった悪印象を持たれます。

　立ち話中なら、相手の表情が曇ったらすぐ、「あ、今答えていただかなくても大丈夫ですから！」とか「じゃあ、また今度ということで！」と明るく言って、その場を去りましょう。

　雑談は、きっちりオチをつけなくてはいけない、というものではないので尻切れトンボになっても問題ないのです。

　どうしても相手の話が止まらないときは、「すごく面白い話なんですけど、ちょっと会議があって……」と困った感じで断って、「続きはぜひ今度一杯飲みながら、聞かせてください！」と笑顔で明るく言うといいでしょう。

　十分に好印象を与えられているので、その続きが実際になくてもいいのです。

人を変える最強の方法「褒める技術」

褒めるにもコツがある

私は夫婦関係のコーチングもしますが、問題がある夫婦には共通点があります。

その共通点とは、「お互いを褒めることをしない」というものです。

楽しみながら結果を出すには、徹底的に相手を褒める、というスタンスで仕事することです。

仕事に限らず、基本相手を褒めていく、それだけで人生が変わります。

人を褒めるというのは、自分も相手もマインドが変わるすごい方法です。

そして、褒めるようにしたら、関係が修復できたというケースが少なくありません。

たとえば、女性が髪の毛を切ったことに気づいてもらって嬉しいのは、新しい髪型自体ではなく、「自分に関心を持ってもらえている」という確認ができるからです。欲を言えば、「髪切った?」のあとに、「いいね!」「さっぱりしていい感じだね!」とか付け加える。それだけで会話の印象が変わります。

そうした夫婦間のやり取りと仕事関係者も同じで、相手がどこを褒めてほしいのか、ということを踏まえて話すことがポイントです。誰だって、一番褒めてほしいところを褒めてもらいたいのです。

相手が自慢げに話しているときはもちろん、楽しくて話が止まらないという感じのときに、「すごいですね~」「さすがですね」といった相槌を入れるのが、上手な褒め方・持ち上げ方。話している本人が悦に入っているときほど、褒められると嬉しいことはありません。

ただし、やたら「すごい」「さすが」を繰り返して、褒めすぎるとわざとらしくなって、相手に胡散臭い印象を与えかねないので、「ここ!」というポイントを外さないことも、上手な褒め方・持ち上げ方のルールになります。

このポイントは2つあります。

ひとつは**「その人が一番褒めてほしいことを褒める」**。

もうひとつは、**「ほかの人が褒めないところを褒める」**ことです。

自分がすごいと思ったときに褒めるのもいいのですが、この2つを押さえておくと、相手との信頼関係が一気に生まれます。

まずは、相手が一番褒めてほしいポイント、共感してほしいと思うポイントを褒めることです。

たとえば、ゴルフ好きの人なら、最近出したいいスコアの話をしたときに「すごいですね～」「どんどんスコアが良くなりますね！」と褒める。

絵を描くのが趣味の人なら、絵を見せてもらったときに「さすがの一言です！」「えっ！　こんなに素晴らしい絵を描かれるとは知りませんでした」など。

もうひとつの「ほかの人が褒めないところを褒める」はどうでしょう。

たとえば、会社でメモをよく取る人がいるとします。メモを取ること自体は珍しいことではありませんが、だからこそあまり褒められることもありません。ちゃんとメモを取る習慣がある人の、その部分を褒めてあげる。もちろん、そこで自分が関心を持てる感覚を普段から養っているかはとても重要になります。

勇気づけで人を成長させる

上司が部下を褒めることも、部下に自信をつけさせて、やる気を促すために必要不可欠です。

コーチングでは、褒めるとは違う「勇気づけ」といって、あえて難題を振って「君ならできるよ」と困難を克服する力を与えることが有効と言われています。

その難題は、基本的に相手が実現可能な範囲内にしなければいけません。難解すぎることを振るとプレッシャーになって、できない可能性が高くなります。それにより、自信をなくさせてしまうことだってあるからです。

難題を振られたほうが燃えるタイプには、やや高めにしたほうが効果的です。

そうした性格やタイプの違いも、すべて雑談やコミュニケーションを通してわかることです。だからこそ、雑談で相手を知ろうとすることは重要なのです。

仕事の進め方やまとめ方には、個人の性格やタイプがあります。雑談をしていなければ、相手が本当はどう思ってやっているのか、ということはなかなかわかりませんし、自分の考えやスタンスも伝わりません。

わからないことを人になんでも聞ける人であれば、何の働きかけをせずとも把握できますが、シャイでコミュニケーションを取るのが苦手なタイプの場合、把握するのが困難です。そういう人は、わからないことがあっても人に聞けないことが多く、納期直前になって何もできていないことが判明したりします。

そうなる前に必要なのは、褒めることでも叱ることでもなく、相手を承認し、信頼してあげることです。実際に「君ならできるよ」と言葉にしても、しなくてもかまいません。部下や相手に何を言うかではなく、どのような心持ちでいるかです。

「信頼する」という前提を持ってこそ、相手は失敗を恐れることなく働けるようになり、困難を克服する力を手にするのです。

第5章

自分を変える
セルフコーチング

自分を知ると、自分は変わる

なぜ、自分と向き合わなければ変わらないのか？

より良く生きるための自分探しの答えは、自分の中にあります。自分の外にはありません。

これが「なぜ、自分と向き合わなければダメなのか？」という問いに対する答えです。自分の外にあるのは、自分探しのヒントであって、答えではありません。

様々なセミナーや講座に参加して、多くのヒントを得ることはいいことですが、その都度ちゃんと自分と向き合わなければ、せっかく得られたヒントも台無しになってしまいます。

自分と向き合うということは、自分に対して興味を持って、自分とコミュニケーションを取るということです。

「自分は何が好きなのか」「何をしているときに幸せを感じるのか」「逆に嫌いなことや苦手なことは何なのか」など。

そうして自分について知る喜びを得てはじめて、自分が生きる方向性、どんな武器を持っているのかがわかります。また、自分を知ることで、他人に対する興味も湧き、会話が弾むようになるのです。


これはコンサルティングや講演でもよく伝えていることですが、コミュニケーション能力を磨いていくには、自分とのコミュニケーションが欠かせません。自分とのコミュニケーションの取り方がわかっていないと、他人とも上手にコミュニケーションが取れません。

コミュニケーションに苦手意識を持っている人の多くは、自分とのコミュニケーションが不足していて、自分のことがよくわからない、というタイプが多い。もっといえば、自分のいいところが見えていないのです。

「どうせ自分なんか」とか、「どんなに頑張っても、所詮この程度」という、自分に対する諦めを持っている人も少なくありません。

コミュニケーションがうまい人は、テクニックや何よりも、自信を持って人と話をしています。

コミュニケーション上手に必要なのは、言ってしまえば自信だけなのです。

その**自信を手に入れる方法が、自分を知ること**です。

自分とのコミュニケーションを図り、自分を知ること。

最初は、自分との対話をする、というのに抵抗があるかもしれません。でも何度かやっていると、徐々に心がオープンになり、抵抗感はすぐなくなります。

心がオープンな状態になれば、当然見通しも良くなって、自分を客観的に見ることができます。自分の考えや感じることを把握しやすくなるため、他人の意見に流されにくくなり、ブレにくい芯の強さも芽生えます。その結果、より多くの人と分け隔てなく、フレンドリーに接することができるわけです。

ただ、自分とちゃんとコミュニケーションを取っているつもりでも、マイナスの面を認められない状態だと、心はオープンになりません。

自分のマイナスな面を見たくない気持ちはよくわかります。でもそれは、「マイナスな面を改善し克服しなくちゃいけないもの」という思い込みが強いせいです。

マイナスに感じる面も自分。だから、克服しなくてもいいのです。そのまま受け止め、認めてみてください。

どれだけ頑張って克服しようとしてもできなかったものが、「認めるだけ」で簡単に克服できることもあるのです。

たとえば、あなたが「人見知りの自分」が嫌だとしましょう。

そんなとき、誰かに「人見知りですか？」と聞かれたら、思い切って「そうなんですよー」とできるだけ明るく肯定してみる。そこで否定して、隠さないようにする。「人見知りだから、今、すごく頑張って話しているんですよ（笑）」と答えられたら完璧です。

乗り越えようとするのではなく、認めるのです。

言ってしまえば、**人に自分のマイナス面を「ぶっちゃける」**ことです。

「ぶっちゃけて話せる」だけで、心は楽になります。

「いや、人見知りというわけではありません」などと隠してしまうと、「これ以上人見知りだと思われないように、もっと頑張って話さなくちゃいけない」と自分にプレッシャーをかけることになって、しんどくなってしまいます。

そうして、人にはプラスの面だけしか見せないようにすると、いびつなコミュニケーションになっていきます。いい面だけ見てくれる人としかつき合おうとしないため、人間関係もどんどん狭くなってしまいます。

嘘で自分を隠すというのは、人が持つ防衛本能ではあるのですが、実際それをやると「嘘の自分」を作ることになり、自分を後々苦しめるのです。

逆に、自分のマイナスに感じられる面をぶっちゃけるとどうなるか。

相手にとっては、「素直な人」と感じられ、信じられるようになります。

また、肯定的な返事をすることで、「自分のことを人見知りだと思っていたけど、大したことないのかも」とか、「年を重ねて人見知りではなくなってきたのかも」と思えるきっかけになることもあるでしょう。

「得意はプラス、不得意はマイナス」は勘違い

自分の得意なことと不得意なことについても、得意はプラスで不得意はマイナスのように捉えがちです。でもそれは単に、発揮する機会が多いことは得意になって、機会が少ないから不得意になる、というだけのことかもしれません。

前の会社では求められなかったことが、転職して重宝がられることなど、よくある話で、得意や不得意は、相手や機会、場所によって変わることがあります。

だから、プラスもマイナスも、得意も不得意も決めずに、持っているものすべてを受け止めたほうが損することがないのです。

そうして自分のマイナスや不得意も受け止められるようになると、心はどんどんオープンになっていきます。でも、必ずしも１００％開いている必要はありません。１００％開いている、と自信を持って言える人は少ないでしょう。

新たなプラスの面に出合えれば、嬉しさから心はより開き、マイナスの面に出合

えってしまえば心は少し閉じ……。だからまた開くように努める、ということを繰り返して、人は心の開放度を広げていくように感じます。

人は、成長して変わっていく生き物ですから、誰しもそうした開閉を繰り返しているでしょう。

私って、こういうとき意外とドライだなぁ、とか、自分でも思った以上に熱くなって驚いた、とか、予想していなかった自分の一面に気づけるのは、成長した証拠です。成長したおかげで、それまで向き合ったことのない自分や、以前の自分には向き合えなかった未解決部分に向き合えるようになった、ということだからです。

「感度」を徹底的に磨く

自分の感覚を信じる力を高めよう

自分とコミュニケーションを取りたいのに、自分の好き・嫌いがよくわからない……。そういう人は、いつもより少しだけ五感（視覚、味覚、嗅覚、聴覚、触覚）を働かせて過ごすようにしてみてください。

たとえば、朝、窓を開けたときの空気の変化から季節の変化を感じたり、鳥のさえずりを聴いて、何の鳥かな、と思ったり。

あえて、いつも食べないジャンルの料理を食べに行き、普段食べる料理とどう違うのかを考えたり、食べた料理の食材や調味料を当ててみるのもオススメです。

料理の知識も増え、感覚も鋭くなります。そして何より自分の感覚や物事の微細な違いを言語化できるようになります。

そうやって普段から感覚を大切にすると、より自分の感覚に沿って生きられるようになります。普段私たちは、自分の感覚に素直になれていないのです。思考を優先している人がほとんどなのです。

ロジカルに考えることはできても、自分の感覚や直感に従うことができません。日常を漫然と過ごすのではなくて、自分の感覚に意識を向けて、自分の感覚に素直になり、信じてみることがポイントです。

五感を磨くことは、自分で自分を開拓することです。自分が与えられたものをフルに活かす、ということでもあります。続けるうちに、感応できる幅が広がって楽しくなり、遊びのようになります。

最初はトレーニングをする感覚でやっていると、身につきやすいでしょう。

現に、私は遊びになっていて、日々、新たな感じ方をする自分との出合いを楽しんでいます。心なしか、第六感と言われる直感も働きやすくなっている気もします。

自分の五感を磨くと、人の感覚についても自然と興味が湧いて、相手を分析するツールにもなります。

たとえば、雑談中に趣味の話になったとき。映画をよく観るという人なら、その人は視覚が強いのだろう、と分析できます。音楽が好きなら聴覚、食べ歩きが好きなら味覚、釣りが好きなら、釣り糸がかすかに動くのを感じ分けるのが上手だから触覚、ニオイに敏感なら嗅覚が強いのだろう、と。

たいていの人は五感を満遍なく使っておらず、どこかに偏っていると言われます。それはひとつの特性で、相手が部下の場合、それぞれの特性を活かす場を提供しやすくなる、イコール、部下の能力を伸ばしやすくなるというわけです。

実際、私はドン・キホーテ時代に、嗅覚が強い部下を香水売り場の担当にしました。あるときは、とにかく体を動かすのが好き、というタイプが私の部署にきたときは、体を動かして品出しをする部署への異動を勧めました。

体力は五感ではありませんが、それぞれの特性を踏まえて配置するほうが、適材適所になる分、本人も働きやすくなって、結果を出しやすくなるのです。

自分自身で、自分の特性がわかっていたら、それを活かした働き方をして、上司にさりげなくアピールしてもいいでしょう。

もし、自分の特性がよくわからない場合は、5つの感覚ごとに、思い浮かぶことを書き出してみてください。

味覚なら、甘いものが好き、辛いものが苦手など。視覚なら、映画は何系が好きで、何系が嫌い。聴覚なら、音楽は常に流れていないとダメなど。

そうやって書き出すと、意外と偏りがあるもので、その偏りが大きいものが自分の強みということです。

何も思いつかなくても、新たな自分の発見につながる楽しい作業です。

できれば、自分は五感の何が強いのか、ということを人に説明できるぐらいまでになると、コミュニケーションが取りやすくなります。相手が上司なら一目置かれ、目をかけてもらいやすくなるでしょう。

自分を掘り下げる付箋のワーク

ここからは、「自分を掘り下げる付箋のワーク」をご紹介します。

ここまで何度も「自分を知る」ことの重要性をお伝えしてきました。

「自分を知る」というと抽象的ですが、私の定義はシンプルで、次の3つがわかっていることです。

◎自分が本当に好きなこと・嫌いなこと

◎自分が得意なこと・不得意なこと

◎自分が嬉しいと感じること、不快と感じること

付箋のワークで必要なもの

【付箋】

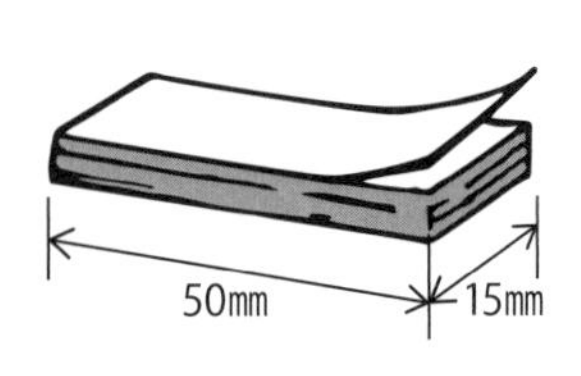

【ノート】

この3つすべてを理解していると、人生の選択が変わります。好きで得意で、常に楽しいモードでいられる行動や仕事、生き方を選べるようになり、マインドも自然と変わっていきます。

この3つを簡単にわかるための「付箋のワーク」の実践法をお伝えします。

ノートと付箋を用意してください。

A4サイズのノート。付箋サイズは15ミリ×50ミリという通常のサイズのものでOK。可能であれば、色分けできるように、複数色あると便利です。

自分を知る「付箋のワーク」の実践法

基本は5つのステップで行います。

①時系列に沿って、「嬉しかったこと・嫌だったこと」を付箋に書き出す
②書き出したものをグルーピングする
③自分の価値観とありたい自分を書き出す
④好き・嫌い・得意・不得意のマトリックスをつくる
⑤好き・得意ゾーンからやるべき行動を選んで実行する

最初のステップ①です。

190ページの図のようにノートのページ中央に縦に線を引いてみましょう。線の左側に「嬉しかったこと」、右側に「嫌だったこと」と書いてください。

そして、幼少期から現在にいたる出来事を思い出しながら、「嬉しかったこと」と

嬉しかったこと

嫌だったこと

過去

川遊び

崖のぼり

父とドライブ

絵を描く

歌を歌う

片付けをする

いじめられた

集団行動

歌のオーディションで優勝

有名タレントへの楽曲提供

歌手デビュー

大手小売店で部下が成長

大手小売店で昇格

給料が安く貧乏だった

芸能界の雰囲気が合わない

組織に縛られ不自由だった

事務所の倒産で住処がなくなった

自己発見できた

初出版

音楽と向き合える

自由に動けない

現在

「嫌だったこと」を付箋に書いて時系列に貼っていってください。時期ごとに付箋の色を変えるとわかりやすくなります。

次にステップ②。

書き出して貼ったら、内容の近いものをグルーピングします。時系列ではなく、同じような内容や近いジャンルのキーワードをそばに貼り直していきましょう。

そして、ステップ③です。

嬉しかったこと、嫌だったことのグルーピングしたものを見ながら、「どうしてそう思ったのか？」「どんなところをそう思ったのか？」の質問を自分にしながら、「自分の価値観」と「ありたい自分」を書いていきます。192ページを参考に文章として書いてください。

そのあと、ステップ④。

ノートの次のページに、縦と横に線を引いてマトリックスを書きましょう。

①価値観（どんなことを大切にしているか）

（例） ・自分の時間
・音楽
・発想力、想像力
・人間力
・自然に触れる
・旅でいろんなことを体験
・人との関わり

②ありたい自分（どんな自分でいたいか）

・場所に縛られることなく時間も自由で
自然の多い環境で生活しながら好きな仕事だけやる

上に「得意」、下に「不得意」。右に「好き」、左に「嫌い」と書いてみましょう。先にまとめたことを参考にしながら、得意なことと不得意なこと、好きなこと、嫌いなことを付箋に書き、マトリックスに貼っていきます。

最後に、ステップ⑤。

マトリックスを見ながら、好き・得意ゾーンのキーワードから、やってみたいことをひとつ考えてみましょう。

好き・得意ゾーンにあるキーワードは、あなたが今一番力を発揮できる可能性を持ったゾーンです。

そのキーワードからイメージできる、実際に行動できそうなアイデアをイメージして書いてみてください。もちろん、ビジネスに関してでも人生全般に関してでもＯＫです。できる限り具体的な行動に落とし込めるように書くことがコツです。

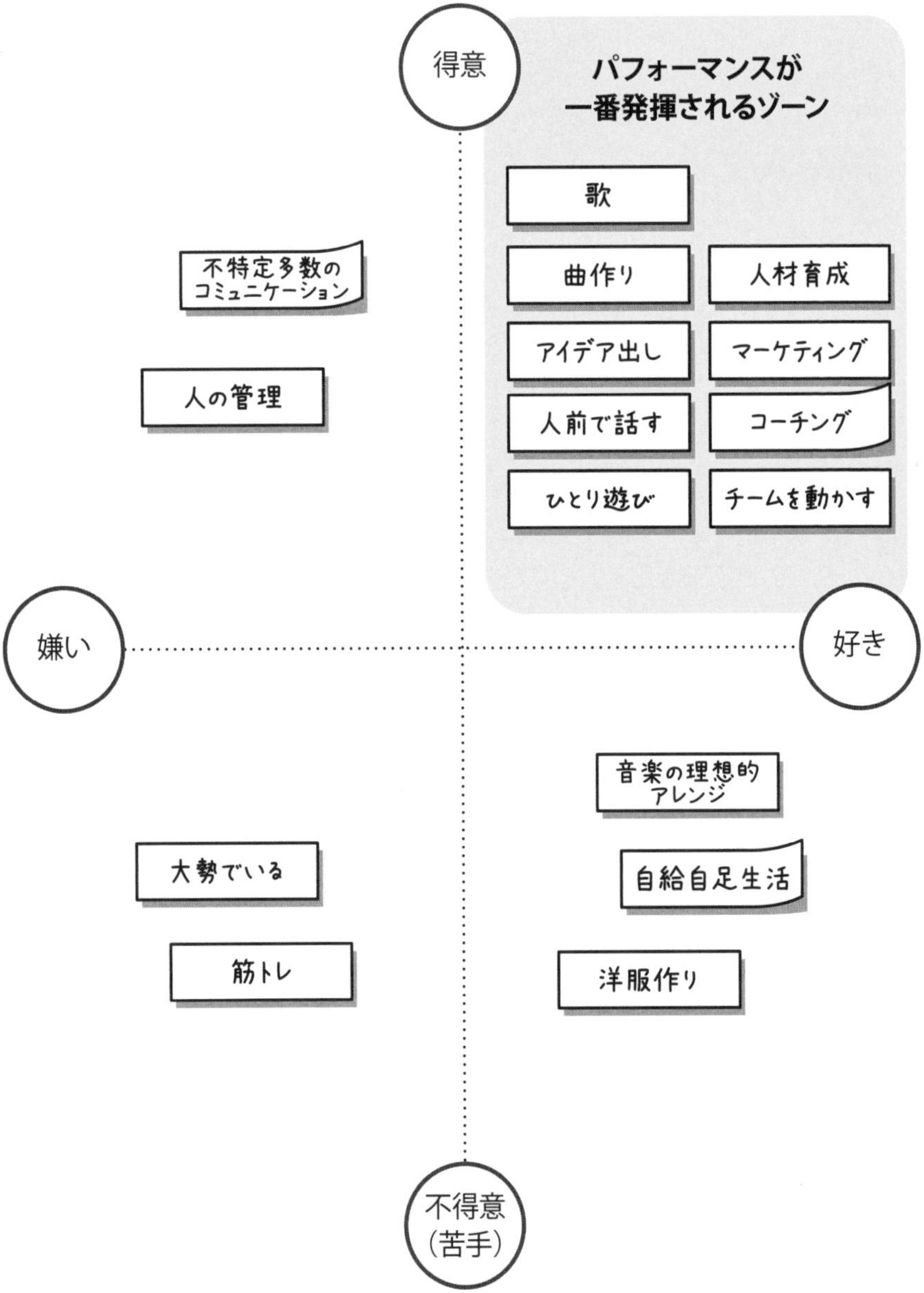

得意

パフォーマンスが
一番発揮されるゾーン

歌

曲作り

人材育成

アイデア出し

マーケティング

人前で話す

コーチング

ひとり遊び

チームを動かす

不特定多数の
コミュニケーション

人の管理

嫌い

好き

音楽の理想的
アレンジ

自給自足生活

大勢でいる

筋トレ

洋服作り

不得意
(苦手)

マトリックスの考え方

いかがでしたでしょうか。

ここでマトリックスの考え方をご紹介します。

まず、不得意で嫌いなことについては、今後やらないように徹底しましょう。

どうしてもやらないといけなくなったときも、できるだけ他の人の力を借りるなどして、得意で好きなことに自分の時間・リソースを当てることを意識していきましょう。

ただ、人生の中である日、嫌いだったものが急に好きになることもあるので、「あくまで現段階においては」と捉えておけばいいでしょう。

得意で好きなことは、あなたが一番力を発揮できることです。この得意で好きなことを、人生においての優先順位を一番高くしましょう。人生でこれだけを徹底的にすると、努力が成果につながりやすくなります。

得意だけど嫌いなことは、得意だからできてしまうけど、感情で嫌いという場合。せっかくの能力を無駄にしないためにも、好き・得意ゾーンで割り切って生かす方法はないかと考えます。

割り切って捉えると、案外使えるスキルだったりすることもあります。せっかくの得意なものは、なるべく使っていきましょう。

それでも「嫌いで無理！」というなら無理に手をつけなくてOKです。

好きだけど不得意なことは、学びや練習をすればできそうなことなら、諦めてしまう前にトライはしておきましょう。そのこと自体がワクワクするものなら、時間とともに好き・得意ゾーンに入っていくかもしれません。

もしも、やってみてスッキリしないときは、もう一度マトリックスを見ながら、別のアイデアを出してみます。そして同じように書き出して行動してみてください。

長所と短所を見つけるワーク

よりダイレクトに自分自身を捉えたいなら、自分の性格や言動で好きなところと嫌いなところ、つまり長所と短所についてもノートに書き出してみましょう。

自分の短所について考えるのは苦痛かもしれませんが、書き出すことで自分から切り離せる感覚を覚えて、客観的に捉えることができます。これは、短所にあまり関係ないかも、ということも、頭に浮かんだことはすべて書き出します。頭の中にある思考をすべて吐き出すようにするのがコツです。

そして、並んだ長所と短所を見て、気になったものからひとつずつ、なぜ短所だと思うようになったのかを探って、それもノートに書き出してみてください。

たとえば、人前で話すのが苦手という場合。

なぜ人前で話すのが苦手？　↓緊張するから

なぜ緊張する？　↓上手に話さないとカッコ悪いから

なぜカッコ悪いと思う？　↓学生時代の研究発表で、うまく話せなくてバカにされたからかも……。

そんなふうに、人前で話すのが苦手になったきっかけまで探れたら、それをただ受け止めてください。その出来事を事細かに分析する必要はなく、あのせいかもしれないな、と思えばいいのです。

きっかけがイジメなどの強烈な体験だった場合は、思い出したくもない記憶が蘇るかもしれません。それでも、あのせいか、と原因が特定できると腑に落ちるものがあって、人前で話すことを毛嫌いしていた気持ちに整理がつくようになります。

過去を現在の視点で再解釈すると、苦手と思い込んでいたことも違って捉えられることもあります。

「学生時代のことだし、過去のことだよね」とか、「あのときバカにした奴らとはつき合いはないのだし、もう気にすることないな」などと一歩前に進む力になるのです。

自分がどういう仕事に向いているのかわからない、という場合も、このワークは使えます。

まずは、「人からよく褒められること」を書き出してみてください。そうすることで、自分がどういうことが得意なのか、そのヒントをつかむことができます。

得意なことは当たり前にできることなので、自覚しにくい場合があります。たとえば、料理上手の人は当たり前のように毎日料理するので、料理上手という自覚がないものですが、料理をしない人からしたら、凄い能力ですよね。

だから、人から褒められることや「凄いね」と言われること、またはよく任されることを書き出すといいのです。もし、それらがパッと思い浮かばなかったら、身近な人に、「自分のいいところはどこだと思う?」と聞いてみましょう。

このワークによって、自分で自分に対してコーチングをするセルフコーチングができます。

世に、より良く生きる方法論はいろいろありますが、どの方法であっても、自分のことを知らないと行き詰まるときが必ずきます。行き詰まったときには、書き出しながら自分の心の中を探れば、また前に進む力を得られるはずです。

行き詰まる前に、3カ月ごとでも半年ごとでも、定期的に行うのもオススメです。

最初の数回は、このやり方でいいのかな、などと手探り状態だと思いますが、続けるうちに、誰でも8割は探り当てられるようになります。

残りの2割は人から指摘してもらって、なるほどそうか、と気づくものです。

私も自分自身で確信が持てるのは8割程度です。それでも8割できれば御の字で、悩みや迷いを手放せるので、生きるのが楽になります。

悩みや不安を整理する付箋メソッド

モヤモヤを見える化、分類するだけで悩みの9割は解決する

この付箋のワークは、仕事でなかなか進まない案件を片づけたいときや、悩んでいることの懸念事項を洗い出したいときなどにも使えます。

たとえば、新しい商品を発売するときに、製造元や販売先でトラブルが起きたとします。

「予定通り販売できるのか」という不安をはじめ、「製造ラインの確保は?」「販売スタッフの教育は徹底している?」など、あらゆる思いが渦巻くでしょう。

それらのキーワードを一言ずつ付箋に書き出して、ノートに貼ってみてください。

文章にして書こうとすると、文章として成立するように頭の中で整理するプロセスがあるため、ハードルが上がり、面倒に感じてしまいます。するといつまで経っても悩みや不安を書き出せなくて、モヤモヤした状態が続いてしまいます。

そうではなくて一言ずつ、「製造ライン」「スタッフ」などと頭の中にある不安要素を次々に書き出すのです。「ヤバイ」「まずい」「もう嫌！」などの心情も吐き出してOK。そうすることで、頭の中がクールダウンしていき、冷静さを取り戻しやすくなります。

そして、頭と心の中にあるものをすべて書き出したら、それらをジッと眺め分類しましょう。分類にルールはありません。場所を変えたくなったら動かし、いらないと思うものは剥がしてください。

すると、これは自分の焦りからくる問題で、これは商品輸送やスタッフ確保などの物理的な悩みだな。これとこれは一緒にやったほうがスムーズにいきそう。これは自分たちでできることだけど、これは外部に依頼したほうが良さそう、というふうに、自然と分類ができていくはずです。

不安を視覚化すると問題点を整理しやすく、それまで気づかなかった解決法や解決順をひらめいたりするのです。

そのひらめきに従って、実際に案件を進めていき、完了したものから順に付箋を捨てていけば、着々と片づいていく実感も得られつつ、ミスなく進められます。

また、頭と心の中のモヤモヤを整理できてスッキリとした状態を保てるので、周囲に八つ当たりしたりすることもなくなります。


付箋を貼る紙のサイズも、整理したいテーマが大きく複雑な場合は、A3などの大きいノートを使うようにしましょう。

ノートの大きさは、思考の枠組みの大きさと同じです。あまりに小さいノートでやっていると、アイデアが出にくくなります。ノートを大きくすると、思考の自由度も上がっていきます。また、書き出したものを眺めるとき、マインドマップ的に全体を俯瞰して見やすくなるのでオススメです。

自信がないまま前に進め

自信はあってもなくても、どっちでもいい

「あなたは自分に自信がありますか？」

と聞かれて、「はい！」と即答できる人は、多くありません。あなたはどうでしょうか。

自分に自信を持てなくて悩む人はたくさんいます。自信を持てないから行動しない、チャレンジもできない、という人をたくさん見てきました。

そもそも自信なんて、持てなくていいのです。

自信があるのはいいけど、なかったらないでいい。

一番やってはいけないのは、自信があるフリをすること。

自分を偽ると、必ず苦しくなってしまいます。

世の中は、自信を持たないとダメというメッセージで溢れていますが、みんな、自信がないまま頑張っているというのが現実です。自信がないまま一歩前に踏み出して、ドキドキしながら挑戦しているのです。

だからもし、自分は自信がないから何をしてもダメと思って挑戦することを諦めていたら、考え方を改めましょう。自信がなくても、したいことを行動に移す許可を自分に出してあげてください。

どんなことも、最初は試行錯誤で不安に満ち、続けるうちに徐々に自信がついて、やり終えたことで自信がついたと実感できるものです。だから、最初から自信がある人はいません。

みんな自信がないままスタートして、一歩ずつ進むことで自信を得ていきます。自信がないけど進んで、進んだ分だけ自信がつく、ということの繰り返しです。結果の良し悪しではなく、進んだこと自体に意味があるのです。

ひとつ自信がついたら、前に進む勇気がひとつ増える、という感覚で、行動しないと自信は生まれないのです。

自信さえあればなんでもできるのにとか、自信がないから何もできない、というのは的外れな考えです。行動しないから何もできず、自信がつかないだけです。

今の自分は自信がないなぁ、ということを認めて、自信がないまま進めばいいのです。

自信がなくて、したいことがなかなかできない人は、自分にパーフェクトを求めすぎています。パーフェクトにできなかったらどうしよう、という思いが強いせいで行動に移せません。

目標まで10段階あるとして、素直に1段ずつ上ればいいのに、なぜかカッコをつけて1段飛びや2段抜かしをしようとします。だから余計に足がすくんで、身動きが取れなくなるのです。

上るのは1段ずつで、途中で止まって休んでもいいし、戻ってもかまいません。それでも上り続ければ、必ず10段階目に到達するのです。

目標として、理想の自分をイメージすることはとても大事なことですが、そのイメージは、現実の自分をベースにして考えないと夢物語で終わってしまいます。憧れのあの人のようにしようとすると、実現不可能だと思って諦める結果になりかねません。

コーチングを通じて思うのは、自分にパーフェクトを求めすぎている人ほど、それに到達できない毎日に不満足感を募らせて、人生の満足度を下げている人が多いということです。仕事もお金もあって、何の不満もないはずなのに、自分で不満な状態を作り出してしまっています。

それを打破するために、自分に厳しくするのを止めて、「失敗しても別にいいじゃん」と甘くしてあげてください。

かくいう私も、つい最近まで、パーフェクトを求めすぎて行動できないことがありました。それは、YouTubeチャンネルを開設することでした。

ずっとやったほうがいいと思っていながら、自分のしゃべりに自信がなくて、開設しても見てくれる人はいないんじゃないか、などアレコレ理由をつけて、行動に移せませんでした。

でもあるとき、自分と向き合い掘り下げてみたのです。
ほかのチャンネルを見たら、全部が全部パーフェクトな内容ではない。中には、自分の動画のほうがマシな仕上がりに見えるものもある。それでもやろうとしないのはなぜ？　もしかしたら、やるからにはパーフェクトな仕上がりじゃないとダメだと思っている？　別にパーフェクトじゃなくてもよくない？　見た人に言いたいことが伝わればいいんじゃない？

こうして自分を深掘りしそのことに気づいたとき、いい意味で開き直れました。そしてすぐ、チャンネルを開設したのです。

この出来事を通じて、改めて、自分に厳しくしすぎるのを止めれば、できることがどんどん増えて、自信や自己肯定感も増し、人脈も広がることを再確認しました。それらは、思うような結果を得られず、失敗に終わったとしても、必ず得られます。

悩みや不安を数値化する方法

自分の悩みにレベルをつけてみる

悩みや不安を感じたときにオススメの方法があります。

それは、悩みや不安をスケーリング（数値化）することです。

仮に、人生最大の失敗が、レベル10だとしましょう。そのレベル10の失敗は、人生が終わるほどのものですから、しようとしても、そうそうできるものではありませんよね。

「日常的に起き得る失敗のレベルはどのレベルだろう」と考えた場合、あり得るのはきっと5ぐらい。該当するのは、プレゼンで失敗した、コンペに通らなかった、資格試験に落ちた、といったことです。

そのレベル5の失敗をした自分は、どんな感情かと想像してみてください。恥ずかしい、情けない、悔しい、などの感情が湧き上がるでしょう。

では次に、レベル5の失敗が起きる確率はどのくらいか、考えてみてください。

現実的には、レベル5の失敗が起きる確率は10%もないでしょう。

1年365日の10%ということは、37日に1度の割合です。ということは、頻繁に起こる失敗のレベルは2か3じゃないか、と。いや、もっとも多いのはレベル1かもしれない、と気づくわけです。

レベル1~3の失敗は、忘れものをした、報告が遅れたなどの日常的な凡ミスで、深く気に病むことはないものばかりでしょう。

もし、失敗して何かを失ったと感じても、すぐに取り返せるレベルです。

「それなら、別に恐れることはなくない？」と思えますよね。

そうやってスケーリング（数値化）をして腹落ちできると、恐れや不安を抱いていた正体が、意外と小さいことに気づけるのです。

失敗のレベルが上がるにつれて、人に怒られたり非難されたりして、あなたの評価が下がるようなこともあるでしょう。しかし、よほどのことがない限り一時的に済むものです。取り返すのに時間はかかっても、取り返せます。そもそも、一時的に評価が下がっても、あなたの実力が下がるわけではありません。

本当の失敗とは、何も行動しないで何の気づきも得られないことです。失敗という経験によって、軌道修正のチャンスが得られたわけですから、失敗は収穫です。

だから、迷いや不安があって行動できないときは、その感情をスケーリング（数値化）して、自分は一体レベルいくつの失敗を恐れているのか、ということを探ってみてください。

たいがいは、レベル1〜3の失敗を恐れているものです。それなら大したことはないと思えて、行動する力が湧くはずです。

付箋のワークもスケーリングも、自分で自分をコントロールしやすくするためのスキルです。

人は誰しも、環境や体調、感情、バイオリズム、ホルモンバランスなど、さまざまな変化の影響を受ける生き物です。だから少しでも、自分自身をコントロールできるようになると、生きやすくなるのです。

それらの変化にあらがって、常にいい状態を保つことがコントロールではありません。元気が出なくてテンションが低いときは、たまたま今はテンションが低いだけだと捉えて、そんな自分を受け入れます。

そうすれば、テンションが低いなりにベストを尽くせるわけです。テンションが低いことはダメなことでもなんでもないのですから。

終章

人生は宝探し

相手の機嫌を取る前に、「自分の機嫌」を取る

自分の心地よさを最優先にする生き方

会社で生き残るには、上司に気に入られて言う通りにし、周囲との足並みを揃えて悪目立ちしないようにする、というふうに考えている人も多いでしょう。

でも、本当にビジネスパーソンとして生き残る方法はなんなのか。

人にどう見られ、どう思われるか以前に、「自分の心地よさや楽しさを満たす」を最優先にすることです。

もちろん、会社は遊び場ではありません。

でも自分が楽しくない仕事なら、そもそも成果なんて出ないのです。つまらなくて

も頑張るというのも大切ですが、長くは続きません。「苦あれば楽あり」という諺(ことわざ)がありますが、未来に楽が本気で見えているからできる苦なのです。未来に楽が見えていなければ、それは来るかもしれない楽を見て辛いだけの日々になるかもしれません。辛く地獄のような日々を味わったあとに、必ず楽が待っているなんてことはないのです。

どの仕事が好きか、嫌いかではなく、自分が楽しく心地よく過ごせる場かどうかにフォーカスする。そのために、自分の心にちゃんと光を当てることが大切です。

自分の機嫌はほかの誰かが取ってくれるものではなく、自分で取るものです。しかし、自分で自分の機嫌を取るのが下手な人がとても多いのです。

そんな自分を変えたいと思ったら、やるべきことがあります。

それは自分の人生の時間、一日の時間の大半を好きなこと、面白いと思うことで埋めていくのです。

今の自分の一日を振り返って、面白いと思うことがなければ、その中に面白いポイントを見つけていくのです。面白いことや楽しいことが見つからなければ、どうすれば面白くなるか、楽しくできるかを考えてみてください。

それが難しい場合は、一日にひとつ以上、何か自分の好きなことをして、自分の機嫌を取るようにしてください。

コツは朝スイッチを入れること。たとえば、朝食に好きなフルーツを食べたり、お気に入りの音楽を聞いてテンションを上げたり。一番気合いのスイッチが入りやすくて、「よっしゃー！」となれるものならなんでもＯＫです。そうして出社前に自分の機嫌をよくしておくと、一日を気分よくスタートできて、仕事に対するモチベーションも上がりやすくなるのです。

大事なプレゼンや商談がある日はもちろん、ずっと雑談をしたいと思う相手に「今日こそは声をかけるぞ！」という気合いも入りやすくなるでしょう。

特別なことがない日でも、機嫌がいい状態は周囲にいい印象を与えます。「今日も元気でいいね！」「なんかいいことあった？」などと声をかけられやすくなり、働くのが楽しくなり、ガンガン成果が上がるようになっていきます。

人生は宝探し

人生の宝は探さなければ見つからない

私は、**人生を楽しむこととは、宝探し**だと思っています。

何を宝とするかの基準は人それぞれで、誰に教わるものではなく、自分の中にしかありません。だから、自分を掘り下げることが宝探しのスタートです。

人生には、いいことと悪いことが半分ずつ起きると言われますが、悪いことばかりに注目すると、悪いことしか起きていないと勘違いしがちです。全体を俯瞰すれば、いいことも起きているのに、俯瞰する余裕がなくなってしまうからです。

逆もまた然りで、いいことに注目すると、いいことしか起きていないように思えてきます。悪いことが起きても、今は学びのときだと思え、学びの種という宝探しを始められるわけです。

たとえ、悲しいことや辛いことが起きても、生きていれば起きて当然のこととして、受け止めやすくなります。その分心が開き、過去の封印したくなるような経験も、自分にしかできないことだと捉えられて宝にできるようになるのです。

封印してきた経験に気づき、それを宝にできたときに味わえる無敵感たるや、「アタシ、最高！」の一言に尽きます。

人によってはイジメや大病など、口にするのも嫌なほどの体験があるかもしれません。一方で、そういった経験をＳＮＳなどに書き、仲間や理解者を増やす人もいます。それができるようになったのは、視点を変えて宝に変えることができたからです。

そうして手にした宝は、「人生を生き抜く武器」になります。

また、自分の中の宝探しができるようになると、相手の中の宝も探せるようになります。人生で起きるいいことに注目すると、いいことしか起きていないように思えるのと同じで、自分の中の宝を見つけられる人は、相手の宝も見つけやすくなるのです。

そんなふうに、お互いに宝探しをすることが、私が理想とするコミュニケーションの形です。

おわりに

人生のストーリーを楽しもう

生まれてからこの世を去るまでの間に起きる出来事は、すべてあなただけのストーリーです。

生まれた環境、容姿やキャラクターなどがみんな違うように、人生のストーリーもみんな違います。なんとなく似ているという人同士は存在しますが、やはり、結局あなたはあなたでしかなく、ほかに代わりはいないのです。

自分という生き物がどんな人生を生きるのかを、自分でプロデュース・監督をし、シナリオを書き、自ら演じるとしたら、どんな自分を描きたいでしょうか。

そんなふうに捉えることで、広い視野になり、自分の人生のストーリーが楽しいものに見えてきます。

私はいつも、自分を俯瞰目線で捉えて、今ある現状を舞台に見立て、そこからストーリーを描いていきます。楽しいことだけじゃなく、どんなに辛いことがあったとしても、必ず最後はハッピーエンドに描いて、自分なりのシナリオを楽しんでいるのです。

現在私は、ミラクルコーチとして人財支援活動も行っていますが、人生のミラクルはただ待っているだけでは起きません。本気で人生を心から楽しみたいと願うなら、自分という生き物を大切にしながら自分の思考だけじゃなく、感情や感覚を信じて、行動していくことです。

捉え方ひとつで人生は幾通りもの表情を持つことができます。人生そのものを楽しみながら、仕事にもその感覚を生かしていければ、あなただけのミラクルが起きるはずです。

そして、人生のどんな出来事も、必ず誰かとの関わりがあって起きていることを忘れてはいけません。

自分のストーリーを振り返ってもわかるように、何人もの人々が自分と共にする時間を過ごしています。

すべての人間関係が自分にとって素敵な関わりではなかったかもしれませんが、それでも、視点を変えて見れば、きっとその中にも多くの学びはあったはずなのです。

今回こうして、書籍出版というひとつの夢を叶えることができたのも、素晴らしい方々とのご縁のおかげです。

そして、ここまでの私の人生にご縁があって関わってくださったすべての皆様、本書を手に取ってくださった方へ、心より感謝申し上げます。

本書が皆様の人生のお役に立てることを願っています。

田中マイミ

［著者紹介］
田中 マイミ（たなか・まいみ）

エグゼクティブコーチ・経営コンサルタント
株式会社フューチャービジョン・ラボ代表取締役

京都市出身。3歳の頃からピアノを習い始め、音楽と歌が大好きな幼少期を送る。高校在学中に、大阪で行われた第1回ヤマハシンガーオーディションにて延べ700名の中から優勝。高校卒業後、上京し、ヤマハネム音楽院に入学後、19歳でボーカリストとしてメジャーデビューした後、シンガーソングライターとして活動し、全3枚のシングルを出す。

そのほか、バックコーラスでは、谷村新司、森山良子、鈴木聖美など。作曲家として、ビートたけし、稲垣潤一、川島なお美、ピンク・レディー増田恵子、他多数。現在も楽曲は制作中。


生活の安定のために音楽との両立でアルバイトを始めたのがドン・キホーテの1号店。販促スキルが創業社長の目にとまり、正社員のオファーを受け1995年7月に入社。担当部署に配属されると、オンリーワンのお店作りを発案。ド派手なPOPと販促ディスプレイを行った結果、既存店の数値改善や人財育成が評価され、2年でマネージャーに昇格。

創業社長から店内ソングの依頼があり、「ミラクルショッピング」の作詞作曲歌も担当。

その後、新店舗立ち上げ、マーチャンダイジング、商品本部の組織作りも行い、営業部長に昇格。当時年間800億の売上部署で延べ1万人の人財育成を行いながら、実質的No.3で20年以上幹部として活躍。心理学やNLPを学び、本格的なプロコーチの資格を取得。

その後、子会社の代表取締役社長を経験したのち起業。

株式会社フューチャービジョン・ラボを設立し、コーチング技術を使った企業へのコンサルティング、エグゼクティブコーチ、企業研修やセミナー、講演会などを行っている。

https://futurevision-lab.com/

楽しくなければ成果は出ない

2020年 6 月 27 日　第 1 刷発行

著　者　　田中マイミ
発行者　　徳留慶太郎
発行所　　株式会社すばる舎
〒170-0013
東京都豊島区東池袋3-9-7 東池袋織本ビル
TEL 03-3981-8651(代表)
03-3981-0767(営業部)
振替 00140-7-116563
http://www.subarusya.jp/
印刷所　　株式会社光邦

ISBN978-4-7991-0877-2